교회에 대한 긍지와 자부심은 사라져 버리고 교회를 향한 비판의 소리는 점점 커져 간다. 주님이 피 흘려 사신 교회가 어쩌다 이 지경이 되었는가? 진지한 자기성찰과 함께 교회의 교회 됨에 대한 각성이 필요한 현실에서 저자 조영민 목사는 "교회의 존귀함은 우리 안에 있는 무언가가 아니라 그리스도 안에 있는 무언가에 기인한다"고 단언한다. 우리 눈에는 여전히 부족하고 아쉬운 교회일지라도 그리스도는 우리가 보지 못하는 방식으로 진정 아름다운 교회를 바라보고 계신다는 것이다. 그리스도의 시선으로 교회를 바라보게 함으로, 성도들이 진리 위에 단단히 서서 사랑으로 하나 되는 교회를 이루어 가도록 호소하고 격려한다. 신앙은 있으나 교회에서 상처 입고 떠나간 '가나안 성도', 교회에 계속 머무는 것을 고민하는 성도라면 이 책을 꼭 한 번 읽어 보기를 권한다. 그리스도가 바라보시는 교회의 아름다움이 무엇인지 궁금한 성도에게도 일독을 권한다.

이찬수 분당우리교회 담임목사

건강하고 강한 교회들이 많아졌으면 좋겠다. 동네마다 십자가를 꽂아 밤만 밝히는 교회가 아니라, 진짜 세상의 빛이 되는 교회를 만날 수 있으면 좋겠다. 동네 사람들이 "하나님을 믿으려면 저 교회를 가 보라"고 말하는 교회면 더 좋겠다. 대형교회가 답이 아닌 것을 알겠고, 그렇다고 작은 교회가 답은 아닌 것 같다. 교회의 사이즈가 교회 건강성의 본질을 결정하지는 않기 때문이다. 교회는 성경에서 가르치는 예수님의 공동체다워야 한다. 그 본질을 놓친 온갖 주장과 실험은 공허하다. 그 본질에 충실하려는 몸부림을 이 책에서 찾아볼 수 있다. 아직 갈 길이 많이 남아 있겠지만, 출발점을 이렇게 분명하게 하고, 본질에 더욱 천착하여 이것이 어떻게 구체성과 실제성에 이르게 될지 고민한다면, 30년 아니 300년은 살아남아 선한 영향력을 끼치는 교회가 될 것이다.

김형국 나들목교회, 하나복DNA네트워크 대표 목사 모든 글은 글쓴이 성품의 어느 한 부분을 반영한다. 그래서 글에도 성격이 존재한다. 까칠한 글과 냉철한 글, 깔끔한 글과 수더분한 글들은 단순히 정보 전달의 차원을 넘어 인격을 만나는 즐거움을 준다. 그러한 의미에서 이 책의 성격은, 사랑스럽다(adorable). 거의 미치도록 사랑스럽다. 문장 하나하나가 사랑스럽다. 저자는 모든 장에서 성경 본문을 해설하고, 그 위에서 교의를 전개하지만, 거기에는 실존적 고민이 녹아 있으며 사랑의 흔적이 녹아 있다. 게다가 그 사랑은 아무 고난 없이 행복한 나날만 지나온 사랑이 아니라, 상처와 아픔을 지나온 공동체적 사랑이다('덧붙이는 글'을 먼저 읽어 봐도 좋다). 장담할 수 있다. 이 책에서 당신은 사랑스러운 인격을 만날 수 있다. 그 인격은 저자의 인격 같기도 하고, 저자가 섬기는 공동체인 나눔교회의 인격 같기도 하며, 무엇보다 저자와 나눔교회가 섬기는 우리 구주의 인격 같기도 하다.

이정규 시광교회 담임목사

평범한 동네교회 목사(그렇게 불려지기를 좋아하는 목사)가 풀어 내는 '사랑하는 교회' 이야기다. 하나님의 진리 안에서 성도들과 함께 치열하게 살아가는 삶이 얼마나 아름답고 풍성한지를 나눈다. 지난 3년간 교회가 성실하게 말씀을 전하는 가운데 예배를 회복하고, 말씀과 교육으로 세워져 가며, 기쁨과 열정으로 이웃을 품으며 함께 자라 가는 모습을 담고 있다. 복음이 무엇인지 바로 알기를 열망하며, 선을 행하는 일에 시간과 자원과 공간을 나누려는 수고와 노력이 감동으로 다가온다. '손바닥만한 구름'같이 소박하지만 하나님께서 일으키실 큰일의 징조가 되는 동네교회의 꿈을 이 땅의 수많은 교회가 듣고, 보고, 함께 꾸게 된다면 좋겠다. 하나님 나라의 크고도 놀라운 비밀 이야기는 교회에 있다!

서자선 광현교회 집사, 독서운동가

교회를 사랑합니다

조영민

진리가 우리를 더 사랑하게 하고 더 하나 되게 한다

좋은씨앗

나눔교회의 교회 됨에 대한 이야기입니다.
지난 3년간 교회 안에서 교회를 보며
교회가 무엇인지 하나님께 묻고 들었습니다.
그리고 이제야 한 문장으로 정리해 봅니다.
"진리로 사랑하는 우리."

가족이자 동역자인 나눔교회 성도들에게
이 책을 드립니다

CONTENTS

들어가는 글
교회를 사랑합니다 · 10

1; 진리 위에 세우는 교회
1. 진리이신 예수 그리스도 · 23
2. 진리인 하나님의 말씀, 성경 · 41

2; 사랑으로 표현하는 교회
3. 하나님은 사랑이시기에 · 71
4. 눈에 보이는 사랑으로 서로 사랑하라 · 97
5. 세상 속에서 교회로 사랑하라 · 122

3; 우리가 되어 자라 가는 교회

6. 교회의 하나 됨을 지키라 · 149
7. 완성을 향해 함께 나아가라 · 181

나오는 글

'손바닥만한 구름' 같은 교회를 꿈꾸며 · 207

덧붙이는 글

평범한 동네교회는 어떻게 희망을 발견했나 · 216

들어가는 글

교회를 사랑합니다

"교회는 그의 몸이니 만물 안에서 만물을 충만하게 하시는 이의 충만함이니라"(엡 1:23). 이것이 에베소서가 말하는 교회의 정의입니다. 성도의 성숙에 관한 모든 것이 '교회 안에' 있습니다. 성도가 교회를 떠나서는 영적으로 건강할 수 없는 이유입니다. 성도가 성도다운 모습으로 성장하고 성숙해 갈 수 있는 유일한 곳은 교회입니다.

어떤 사람들은 말합니다. 요즘은 시대가 좋아져서 굳이 교회에 가지 않아도 좋은 설교를 들을 수 있다고요. 좋은 책을 통해 신앙의 지식도 얻을 수 있다고요. 하지만 우리의 영혼은 설교나 지식만으로는 결코 성숙해질 수 없습니다. 성도는 성도의 공동체 안에서만 온전해집니다.

아이는 한창 자라는 시기에 엄마가 해주는 집밥을 먹어야 합니다. 당장은 외식이 좋고, 잠깐은 집이 아닌 다른 곳이 즐거울 수 있습니다. 그러나 정서적으로 안정되고 인격이 성숙해지는 장으로 집만한 곳이 없습니다. 건강하고 싶다면 때론 밋밋하더라도 엄마가 정성들여 준비한 밥을 잘 챙겨 먹어야 합니다. 성도 역시 성숙을 원한다면 교회 안에 머물며 교회가 공급하는 영적 양식을 먹어야 합니다. 우리는 교회를 다시 생각해 봐야 합니다.

교회는 그리스도의 충만함이다

에베소서 1장 23절은 교회를 가리켜 '그리스도의 몸'이라고 표현합니다. 이것은 교회의 머리가 예수님이라는 말도 됩니다. 머리와 몸의 관계를 비유로 들며 이 둘은 절대로 분리될 수 없음을 강조합니다. 교회와 그리스도는 결코 나누어 생각할 수 없습니다. 둘 중 하나가 없으면 나머지 하나도 온전한 모습으로 존재할 수 없습니다. 교회의 머리이신 예수님은 만물을 충만하게 하시는 분입니다. 그런 예수님을 충만하게(만족하게) 하는 것이 교회입니다.

예수님께서 만물을 충만하게 하신다는 말씀은 금세 수긍이 갑니다. 그런데 교회가 예수님을 충만하게 한다는 것은 무슨 뜻일까요? 창조주 하나님이신 예수님께서 불완전하기라도 하다는 말입니까? 그래서 교회가 예수님의 부족한 부분을 채워 주어야 한다는 말입니까?

표현상 오해할 여지가 있는 이 말은 실은 이런 의미를 갖습니다. 세상 모든 것을 가지신 예수님의 마음에 빈 공간이 있는데, 그 공간을 교회만이 채울 수 있다는 뜻입니다. 종교개혁자 칼빈은 이것을 다음의 아름다운 문장으로 설명합니다.

> 만일 하나님의 아들이 우리와 연합되지 않으신다면, 그분 자신은 무언가 스스로를 불완전한 존재로 여기십니다. 이것이 교회가 누리는 가장 고귀한 영광입니다. 우리가 그분과 함께할 때에야 비로소 그분이 모든 것을 완전히 갖추신다는 것, 혹은 그때에야 비로소 완전하게 여겨지기를 바라심을 알게 되는 것이 우리에게는 얼마나 큰 위로입니까? (칼빈,

『에베소서 주석』, 성서교재간행사, 280쪽)

다섯 살짜리 여자아이가 있습니다. 아이의 아빠는 딸을 위해서라면 세상 무엇이든 아까울 게 없는 부자입니다. 아이의 집에는 비싸고 좋은 인형이 엄청 많습니다. 그런데도 아이는 수많은 인형 중에서 가장 낡고 조잡한, 유행이 지난 한 인형을 아끼고 사랑합니다. 잘 때도 그 인형만 안고 잡니다.

하루는 새로 온 청소 아주머니가 아이의 방을 치우다가 낡고 볼품없는 그 인형을 내다버립니다. 아주머니 눈에 그 인형은 이 집에 너무나 어울리지 않았기 때문입니다. 그날 오후 집에 돌아온 아이는 방 안에 두었던 그 인형을 찾습니다. 하지만 인형은 이미 청소차에 실려 간 뒤입니다.

아이는 엉엉 울기 시작합니다. 온 가족이 나서서 아이를 어르고 달래지만 울음소리는 커져만 갑니다. 아이는 인형의 이름을 부르다 기절까지 합니다. 집안사람들은 아이가 왜 그러는지 이해할 수 없습니다. 왜 낡고 볼품없는 인형을 저리도 간절하게 찾는지 알 수 없습니다. 그래도 아이를 그냥 둘 수 없어 쓰레기 집하장으로 인형을 찾으러 갑니다.

여러 시간 고생한 끝에 쓰레기 더미에서 겨우 찾은 인형은 훨씬 더 망가지고 더러워져 있습니다. 하지만 아이는 다시 돌아온 인형을 꼭 끌어안습니다. 그제야 울음을 그치고 미소를 짓습니다.

그 인형은, 얼마 전 하늘나라에 간 아이의 엄마가 병상에서 직접 만들어 아이에게 선물한 것입니다. 이런 사정을 모르는 사람들에게 그 인형은 아무것도 아닙니다. 아이 방에 도무지 어울리지 않고, 부잣집 딸의 품에 안겨 있는 게 너무도 이상할 뿐입니다. 그러나 아이에게 그것은 온 우주에 하나밖에 없는 인형입니다. 이제는 함께할 수 없는 엄마를 만나게 해주는 소중한 인형입니다. 온 세상의 인형을 다 준다고 해도 바꿀 수 없는 특별한 인형입니다. 적어도 아이에게는 그렇습니다.

이 이야기를 생각하며 에베소서 1장 23절 말씀을 이해해 봅시다. 온 우주를 가득 채우고 소유하신 예수님이지만 아직 그분 안에 충만함이 없습니다. 그분의 마음 한켠에 빈 곳이 있습니다. 무엇으로도 채울 수 없는 그곳은 오직 교회만이 채울 수 있습니다. 교회를 이루는 볼품없는 사람들, 아이가 간절하게 찾던 낡고 더러운 인형 같은 우리가 주님의 마음 한켠에 자리한 빈 곳을 채운다는 것입니다.

이것을 객관화하려고 하면 안 됩니다. 논리적으로 설명하려고 하면 반드시 실패합니다. 네, 이해하기 힘든 일입니다. 교회를 향한 그리스도의 사랑을 천사도 이해하지 못했습니다(벧전 1:12). 상식적으로 생각하면, 천사들이 인간들로 구성된 교회보다 훨씬 더 쓸모 있고 가치 있어 보입니다. 그런데도 주님의 마음은 온통 교회에 있습니다. 그래서 주님은 이 땅의 교회가 승리하면 웃으시고, 무너지면 서럽게 우십니다.

그리스도에게 교회는 전부이다

주님을 울게도 하고 웃게도 하는 것이 누구입니까? 교회, 바로 우리입니다. 온 우주를 소유하고 다스리는 분이 우리 같은 죄인을 사랑하실 이유가 있을까요? 우리처럼 문제투성이 교회를 아끼실 의무가 주님께 있을 리 없습니다. 그런데도 주님은 교회를 자신의 심장처럼 소중히 여기십니다.

사랑이 그렇듯 주님은 이 땅의 교회를 마음의 중심에

두십니다. 그분의 시선이 온통 교회에 가 있습니다. 천사들도 눈에 들어오지 않습니다. 해와 달, 다른 동식물, 아름다운 자연 경관도 관심 밖입니다. 수천 년간 뿌리내려 온 나무나 제국의 흥망성쇠, 세계 경제의 향방 등 모든 것에 대한 관심이 교회를 앞서지 못합니다.

주님의 마음을 온통 사로잡고 있는 것은 이 땅의 교회입니다. 교회를 이루고 있는 우리입니다. 그리스도를 주님으로 고백하면서도 수없이 무너지고 또 무너지는, 부실하기 짝이 없는 우리에게 주님의 시선이 머물러 있다는 말입니다. 주님은 우리가 아니면 안 된다고 하십니다. 아이가 낡은 인형을 다시 품에 안을 때까지 다른 것은 필요 없다며 엉엉 울면서 그 인형만 찾은 것처럼, 주님은 이 땅의 교회가 온전히 자신의 소유가 되기까지 쉬지 않으십니다.

교회가 세상보다 나아서가 아닙니다. 세상에는 교회보다 세련되고 도덕적으로 훌륭한 모임이 많습니다. 신자 한 명 한 명이 불신자보다 나아서도 아닙니다. 신자가 살아가면서 얼마나 많은 죄와 실수를 저지르는지 우리 스스로가 잘 알지 않습니까? 복음을 알지는 못해도 신자보다 더 아름답게 사는 불신자가 있습니다. 그러니 우리 안에는 주님의 특별한 사랑을 받아야 하는 합리적인 이유가 없습니다.

교회의 존귀함은 우리 안에 있는 무언가가 아니라 그리스도 안에 있는 무언가에 기인합니다. 교회를 향한 주님의 무조건적인 사랑인 '헤세드'에 기인합니다. 헤세드는 합리적인 설명이 불가능합니다. 왜 주님이 교회를 사랑하시는지, 왜 교회와 헤어지기 싫어하시는지, 왜 주님의 마음을 끊임없이 아프게 하는 교회를 여전히 품으시는지 설명할 길이 없습니다. 그런 점에서 주님은 한사코 낡은 인형만 찾던 아이와 같습니다. "다른 건 필요 없어. 내가 사랑하는 건 교회야! 절대 포기 못해. 잃어버리지 않겠어." 여기서 우리는 설명을 포기하고 그 사실을 받아들여야 합니다. 주님은 교회를 '그냥' 사랑하십니다.

성도가 교회를 사랑하는 이유

교회에 대한 부정적인 이야기가 연일 신문지상에 오릅니다. 교회에 대한 비통한 이야기들을 주변에서 듣습니다. 왜 그리 깨어진 교회들이 많고, 왜 그리 상처받은 사람들이 많은지 모르겠습니다.

여러분에게 교회는 어떤 곳입니까? 교회 하면 어떤 그림이 떠오릅니까? 교회에 대해 무슨 말을 하고 싶습니까? 저마다 교회에서 겪은 일이 있고, 들은 이야기가 있기 때문에 하고 싶은 말이 많을 것입니다. 목사인 제 귀에 들려오는 교회 이야기는 아름답기보단 고통스러운 내용이 많습니다. 교회를 향한 우리의 마음을 싸늘하게 식히는 이야기들입니다.

우리도 교회를 비판할 수 있습니다. 환부를 도려내야 살 수 있다면 아프더라도 도려내야 합니다. 그렇다고 교회를 미워하거나 부끄러워하거나 나와 무관한 것으로 여겨서는 안 됩니다. 우리 주님이 교회를 지금도 여전히 사랑하시기 때문입니다. 예수 그리스도를 통해 영원한 생명을 얻고, 그분을 나의 구원자요 주님이라고 고백한다면, 그분이 사랑하시는 교회를 사랑해야 합니다. 이것은 해도 그만, 안 해도 그만인 선택 사항이 아닙니다. 성도라면 마땅히 해야 하는 일입니다. 성도는 교회를 사랑합니다.

그러니 함부로 교회에 칼을 겨누지 마시기 바랍니다. 주님의 몸인 교회를 찔러야 한다면 백 번쯤 생각하고 천 번

쯤 고민해 주십시오. 그런 다음에도 비판의 칼을 들어야 한다면 '나의 심장을 관통하여' 교회를 찌르십시오. 자기부인을 통과한 칼날이라면 교회를 수술하여 온전하게 하는 데 유익할 것입니다. 그렇지 않다면 조금 더 기다리고, 조금 더 품어 주고, 조금 더 사랑하기를 선택하십시오.

이 땅의 교회는 문제가 많을 수 있습니다. 그럼에도 근본적으로 소중합니다. 주님이 무조건 사랑하시니까요. 비난의 입을 열기 전에 교회를 애지중지 끌어안으시는 우리 주 예수 그리스도를 생각하기 바랍니다. 교회를 건드리면 주님을 건드리는 것입니다. 교회를 무시하면 주님을 무시하는 것입니다. 교회에 상처를 입히면 그리스도에게 상처를 입히는 것입니다. 왜일까요? 다시 말씀드립니다. 주님의 마음을 온통 사로잡고 있는 것이 오직 이 '못난' 교회이기 때문입니다.

주님이 그토록 사랑하시는 교회를 우리가 어떻게 사랑해야 하는지 고민하며, 우리 성도들과 함께 꿈꾸는 교회에 대해 이야기하려 합니다. 이 책을 읽는 이들 모두가 교회를 사랑하시는 우리 주님과 함께 그 꿈을 꾸게 되기를 소망합니다.

그리스도가 '사랑스럽지 않은 나'를 사랑하십니다.

나는 '사랑할 수밖에 없는 그리스도'를 사랑합니다.

그리스도가 '이 땅의 허물 많은 교회'를 사랑하십니다.

나는 '그리스도가 사랑하시는,

그래서 나도 사랑해야 하는 교회'를 사랑합니다.

1부

진리 위에 세우는 교회

1
진리이신 예수 그리스도

진리로 사랑하는 우리

담임목사로 부임하고 나서 제게 목회 철학과 교회 비전을 묻는 분들이 많았습니다. 그때마다 저는 "비전이 없습니다"라고 대답했습니다. 교회 비전은 개인이 혼자 만드는 게 아니니까요. 부임한 지 얼마 안 되어 교회의 특성과 구성원, 지역에 대해 잘 모르는 채 교회 비전을 말할 수는 없었습니다. 교회를 섬기며 어느 정도 알게 된 후에야 교회가 나아갈 방향을 말할 수 있을 것 같았습니다. 그리고 3년이 흐른 지금, 이제 비로소 우리 교회를 향한 하나님의 뜻을 정리해 봅니다. "진리로 사랑하는 우리." 세 단어로 이루어진 이 표어를 중심으로 지역교회인 우리 교회의 비전을 나누고자 합니다. 이른바 나눔교회의 교회론입니다.

본격적으로 교회론을 나누기에 앞서 반드시 전제할 것이 하나 있습니다. 교회론이 너무 독창적이고 특수해서는 안 된다는 것입니다. 교회의 비전을 정리한다는 건, 뭔가 특별하고 대단한 것, 신기하고 독특한 것을 찾아내는 작업이 아닙니다. 하나님의 마음에 그려진 교회의 청사진을 찾는 일입니다. 그 청사진은 꿈이나 환상 또는 특정 인물에게 주시는 계시에 담겨 있지 않습니다. 하나님은 이미 기록된 말씀에 교회를 향한 그분의 일반적인 꿈을 담아 놓으셨습니다.

저는 다만 그중에서 우리 교회가 붙들어야 하는 꿈들을 조금 더 명확히 정리하고자 합니다. 보편교회를 향한 하나님의 일반적인 꿈을 이루어 가되 우리만의 독특한 환경 속에서 특별히 강조할 모습이 무엇인지 드러내려 합니다.

"진리로 사랑하는 우리." 여기에 쓰인 세 단어의 중요한 의미를 새기며 우리 교회를 향한 하나님의 마음을 살피고, 그 마음에 어떻게 반응할지 함께 고민해 보겠습니다. 부디 이것이 우리 성도들의 가슴을 두근거리게 하는 이야기가 되기를 바랍니다. 어느 동네 지역교회의 선포로 그치지 않고, 하나님께서 기뻐하시는 교회 공동체를 꿈꾸는 이 땅의 모든 성도들의 가슴을 두근거리게 하는 이야기가 되기를 바랍니다. 신실하신 하나님께서 우리 각 사람에게 찾아오시기를 바랍니다. 그래서 교회가 무엇인지, 우리가 몸 된 교회로서 무엇을 붙들어야 하는지, 내가 속한 교회가 이 땅에서 어떤 모습으로 서야 하는지 생각해 보게 된다면 좋겠습니다.

누가 그리스도인인가?

먼저, "진리로"의 의미부터 살펴보겠습니다. 저는 이 진리를 둘로 나누어 이 장에서는 '진리이신 그리스도'를, 다음 장에서는 '진리인 하나님의 말씀'을 살펴보려고 합니다. 교회를 세우는 가장 중요한 기초는 바로 이 두 가지 진리입니다.

여러분은 기독교가 뭐라고 생각합니까? 누가 그리스도인일까요? 어떤 사람들은 기독교의 특정한 사상에 동의하면 그리스도인이 될 수 있다고 생각합니다. "나는 기독교의 기본 가르침과 일부 주장에 동의한다. 고로 그리스도인이다" 하는 식입니다. 이를테면 "나는 성경의 무오함을 믿는다. 그리스도가 유일한 구속자라는 주장에 동의한다. 삼위일체를 믿는다. 몸의 부활을 믿는다. 그밖에 기독교의 많은 주장들에 동의한다. 고로 나는 그리스도인이다"라고 말합니다. 주로 이성적인 사람들, 교육을 많이 받은 사람들이 그런 경향이 있습니다. 또 어떤 사람들은 기독교에서 가르치는 삶의 방식대로 살면 그리스도인이 될 수 있다고 생각합니다. 이를테면 술과 담배를 끊고, 주일 성수하고, 수입의 일부를 헌금하면 된다는 식입니다. 더 나아가 가정에 충실하고 정직하며 성실하게 살면 그리스도인이 될 수 있다고 생각합니다.

이 두 가지는 완전히 틀린 생각은 아닙니다. 그리스도인이 되려면 당연히 기독교 사상에 동의해야 합니다. 그리스도인이 어떻게 신앙고백을 하는지 배우고, 그것에 동의하고, 사람들 앞에서 그 사실을 인정해야 합니다. 기독교의 진리 체계를 진지하게 숙고해서 자기 것으로 삼는 수고를 해야 합니다. 기독교 사상에 동의하는 것은 그리스도인이 되는 데 아주 중요한 요소입니다.

또한, 그리스도인이 되기 위해서는 실제로 삶에 변화가 있어야 합니다. 믿음을 고백하면서도 삶의 태도와 습관에 아무 변화가 없다면 그 진실성을 의심하지 않을 수 없습니다. 참된 그리스도인이라면 눈에 드러나는 변화가 있게 마련입니다. 그렇지 않은데 스스로를 그리스도인으로 여기는 것은 대단히 위험한 생각입니다.

예수님과의 관계가 핵심이다

그러나 그리스도인의 여부를 결정하는 데 이 두 가지보다 더 중요한 기준이 있습니다. 바로 '예수님과 인격적인 관계를 맺고 있는가'입니다. 기독교의 핵심은 예수님과의 관계에 있습니다. 예수님이 빠진 기독교는 기독교가 아닙니다. 아무리 성경을 많이 연구하고 신학교에서 신학을 가르치는 박사라 할지라도 예수님을 사랑하지 않는다면, 그는 성도일 수 없습니다. 교회에 속해 있고, 정기 예배에 꼬박꼬박 참석하며, 교회 회원으로서 의무를 다한다 해도 예수님을 사랑하고 예수님으로 인해 기뻐하지 못한다면, 다시 말해 예수님과 아무 관계가 없다면, 그는 그리스도인일 수 없습니다. 기독교는 예수님과의 관계가 모든 것의 중심이며, 어떤 경우에는 전부이기 때문입니다.

여러 가지 어려움 가운데 고통을 겪고 있는 성도들의 이야기를 종종 듣습니다. '예수님을 믿기 정말 힘들겠다' 싶은 상황 속에서 살아가는 이들을 보기도 합니다. 그렇게 힘들고 어려운 중에도 그들은 여전히 예수님을 주님으로 고백하고 성도로서 신실하게 살아가고 있습니다.

그들은 어떻게 그럴 수 있을까요? 기독교의 심오한 사상에 동의해서일까요? 그리스도인의 건전한 생활과 윤리적인 삶에 감화를 받아서일까요? 아닙니다. 성도가 믿음을 끝까지 지켜 낼 수 있는 것은, 특정한 사상에 동의하거나 삶의 방식에 감동해서가 아니라 그리스도와 인격적인 관계를 맺고 있기 때문입니다. 참 성도는 이렇게 고백합니다. "그리스도가 나를 사랑하심을 압니다. 그분이 나를 위해 자신을 내어 주셨음을 믿습니다. 결국에는 나를 선하게 인도하실 것을 믿습니다." 참 성도는 그리스도와 인격적인 관계를 맺고 있는 사람입니다.

저 역시 "나를 사랑하사 나를 위하여 자기 자신을 버리신 하나님의 아들"(갈 2:20)을 믿습니다. 믿을 뿐 아니라 사랑합니다. 저는 결코 그리스도를 잃어버리지 않을 것이고, 그리스도 또한 저를 잃어버리지 않으실 것을 압니다. 저는 저를 사랑하시는 예수님을 인격적으로 만났고, 예수님과 관계를 맺고 있습니다.

이것이 가장 중요한 진리입니다. 교회가 교회 되는 데 이보다 중요한 기초는 없습니다. 교회는 반드시 그리스도라는 진리 위에 서야 합니다. 교회의 시작은 늘 예수 그리스도입니다. 2천 년 전 교회가 이 땅에 태어날 때부터 그리스도에 대한 신앙고백은 교회의 가장 중요한 기초였습니다. 이것을 무너뜨리려는 거짓된 자들의 공격이 끊이지 않았지만 교회는 이를 지키고자 분투했습니다. 그리스도에 대한 신앙고백은 이 시대 우리 교회에도 가장 중요합니다.

그리스도를 인정하지 않는 거짓 앞에서

골로새서 1장 15-20절을 보겠습니다.

¹⁵ 그는 보이지 아니하는 하나님의 형상이시요 모든 피조물보다 먼저 나신 이시니 ¹⁶ 만물이 그에게서 창조되되 하늘과 땅에서 보이는 것들과 보이지 않는 것들과 혹은 왕권들이나 주권들이나 통치자들이나 권세들이나 만물이 다 그로 말미암고 그를 위하여 창조되었고 ¹⁷ 또한 그가 만물보다 먼저 계시고 만물이 그 안에 함께 섰느니라 ¹⁸ 그는 몸인 교회의 머리시라 그가 근본이시요 죽은 자들 가운데서 먼저 나신 이시니 이는 친히 만물의 으뜸이 되려 하심이요 ¹⁹ 아버지께서는 모든 충만으로 예수 안에 거하게 하시고 ²⁰ 그의 십자가의 피로 화평을 이루사 만물 곧 땅에 있는 것들이나 하늘에 있는 것들이 그로 말미암아 자기와 화목하게 되기를 기뻐하심이라.

골로새 교회는 지금 이단 세력이 들어와 혼란에 빠져 있습니다. 에바브로디도가 바울에게 복음을 들었고, 그것을 골로새 지역에 전했습니다. 복음이 열매를 맺어 작지만 아름다운 교회가 세워졌고, 믿음과 사랑과 소망의 열매들이 나타났습니다. 믿지 않던 주변 사람들마저 골로새 교회 성도들의 아름다운 삶을 보고 감동받을 정도였습니다. 골로새 교회는 서로를 사랑하는 마음으로 지극히 섬겼고, 금세 아름다운 소문의 근원지가 되었습니다.

그러한 교회에 영지주의 이단이 들어와 문제가 생겼습니다. 교회에 들어온 몇몇 사람들이 예수 그리스도를 믿는 믿음에 흠집을 내는 거짓 가르침을 전하는 바람에 기존 성도들의 믿음이 변질된 것입니다. 영지주의가 골로새 교회의 믿음을 흔들 수 있었던 것은, 이것이 당시 시대정신의 산물이기 때문입니다. 주후 1세기에 영지주의가 소아시아 지역을 강타하면서 많은 기독교 신앙 공동체, 즉 교회가 무너졌습니다. 바울도, 요한도, 다른 사도들도 그 시대 영지주의 이단과 싸워야 했습니다.

교회에 영지주의가 들어오면서 예수님에 대한 신앙고백이 심각한 타격을 입었습니다. 영지주의에 따르면, 육체는 악하고 영은 선합니다. 그런데 우리 성도가 주님으로 고백하는 예수님은 스스로 인간이 되신 하나님의 아들입니다. 인간의 죄를 대속하기 위해 '완전한 인간'이자 '완전한 하나님'으로 이 땅에 오신 분입니다. 100퍼센트 인간이자 100퍼센트 하나님이신 예수님의 특별한 존재를 영지주의는 인정하지 않았습니다. 예수님이 육체를 지닌 인간이라면, 결코 선한 하나님이 될 수 없다는 것입니다. 그들의 주장은 당시 시대정신인 플라톤의 이원론에 기초했고, 그 때문에 헬라식으로 사고하는 당시의 많은 이방인 그리스도인들이 미혹당했습니다.

골로새 교회도 마찬가지였습니다. 당시 골로새 교회는 하나님의 은혜로 복음을 받았고, 복음의 능력으로 아름다운 실천을 하며 믿음과 사랑과 소망의 열매를 맺는 교회로 자라 가는 중이었습니다. 그러나 아직 그 시대의 주류 사상에 맞서 그리스도를 지켜 내는 수준까지는 성장하지 못했습니다. 그래서 가장 기초가 되는 그리스도에 대한 믿음이 흔들리며 교회 자체가 존립의 위기에 빠지고 말았습니다.

말했다시피 기독교는 예수님과의 관계가 우선입니다. '예수님을 어떻게 바라보는가'가 진리의 핵심입니다. 그런데 영지주의는 성경이 말하는 인간이자 신이신 예수님을 인정하지 않습니다. 영지주의자들 중에는 겉보기에 훌륭한 인물들이 많습니다. 그중에는 금욕을 실천하는 이도 있고, 아주 이타적으로 사는 이도 있습니다. 지적인 고상함과 행함으로만 보면 그들은 훌륭한 스승이 되기에 충분합니다. 그러나 정작 그들은 성경이 계시하는 예수님을 믿지 않습니다.

그래서 바울은 골로새서 1장 15-20절에서 예수님이 누구신지를 선명하게 밝히며 골로새 교회를 향해 권면합니다. 바울이 말하는 예수님은 누구십니까? 예수님은 온 세계의 창조자이시고, 동시에 우리의 구속자이십니다.

예수님은 창조의 주관자이시다

많은 신학자들은 골로새서 1장 15-20절이 초대교회가 부르던 찬송가 가사일 것이라고 추정합니다. 바울은 예수님이 얼마나 중요한 분이신지, 우리가 왜 성경이 증명하는 대로 예수님을 믿어야 하는지 설명하기 위해, 당시 초대교회에서 자주 부르던 찬송가 가사를 적고 그 가사에 동의하는지 묻고 있습니다. 찬송가의 제목을 정확하게 알 수는 없지만, 내용을 토대로 제목을 지어 본다면 "예수님은 누구신가?"가 딱입니다.

가사 하나하나가 예수님이 어떤 분이신지를 보여 주고 있습니다. 찬송가 1절에 해당하는 15-17절을 정리해 보겠습니다. 예수님은 누구십니까?

- 15절 – 보이지 아니하시는 하나님의 형상, 모든 피조물보다 먼저 나신 이
- 16절 – 만물의 창조자, 모든 피조물의 근원
- 17절 – 만물보다 먼저 계신 이, 모든 것을 유지하시는 이

1절 가사로 정의하자면, 예수님은 창조자이십니다. 그분은 하나님이십니다. 보이지 않는 하나님께서 보이는 모습으로 이 땅에 오신 것입니다. 예수님은 단순히 몇몇 제자들에게 새로운 시대의 가르침을 전한 선생이 아닙니다. 예수님은 모든 피조물이 있기 전부터 계셨습니다. 그분의 능력으로 온 세상이 창조되었습니다. 모든 피조물이 하나가 되어 예수님께 나아와 엎드립니다. 우리가, 이 땅의 교회가 고백하는 예수님은 온 우주에서 가장 큰 분이십니다. 가장 강하고, 가장 능하며, 만물을 창조하셨을 뿐 아니라 지금도 유지하고 계시는 하나님이 바로 예수님이십니다.

사실 예수님은 일부 CCM이 노래하듯 우리가 함부로 "주는 나의 친구"라고 부를 수 있는 분이 아닙니다. 우리가 감히 "예수 나의 첫사랑 되시네"라고 노래할 수 있는 분이 아닙니다. 성자 예수님은 성부 하나님과 같은 위격으로 계

신 분입니다. 예수님을 하나님보다 못한 하나님의 사자나 일꾼으로 보면 안 됩니다. 예수님이 바로 하나님이십니다.

그러니 어떻게 해야 할까요? 예수님께 마땅히 드릴 찬양을 올려 드려야 합니다. 지금 바울은 예수님을 인간이라고 폄하하며 마땅히 드릴 찬양을 올려 드리지 않고, 자신들과 비슷한 수준 혹은 약간 더 나은 사람 정도로 여기려는 모든 이들에게 경고하고 있습니다. 더불어 창조의 주관자로서 마땅히 받으실 찬양을 예수님께 올려 드리고 있습니다.

예수님은 구속의 주관자이시다

다음은 찬송가 2절에 해당하는 18-20절의 내용입니다.

- 18절 - 몸인 교회의 머리, 우리의 근본이 되신 이
- 19절 - 하나님의 모든 충만을 가지고 계신 이
- 20절 - 우리와 하나님 사이를 화목하게 하신 이

한마디로 구속자이신 예수 그리스도를 찬양하고 있습

니다. 찬송가 1절에서 예수님이 하나님과 동등한 분이고 창조주이심을 밝히며 찬양했다면, 2절에서는 한 걸음 더 나아갑니다. 그 위대하고 능하며 높으신 하나님께서 우리 가운데 인간으로 오셨다는 가사입니다.

찬송가 2절은 1절을 전심으로 부른 사람만이 부를 수 있는 노래입니다. 창조주 예수님께서, 만물보다 높으시고 먼저 계신 분께서, 모든 것의 이유와 목적이 되시는 분께서 굳이 이 땅에 내려와 우리의 머리가 되시고 근본이 되시며 하나님의 모든 충만함을 우리에게 주시고, 하나님과 도무지 함께할 수 없는 우리를 하나님과 화목하게 만들었다고 고백하기 때문입니다. 예수님이 저 하늘 멀리 끝에 계신 것이 아니라 오늘 지금 우리 가운데 임하여 우리를 살리셨다고 고백합니다. 저는 이 예수님을 구속자 그리스도라고 부릅니다.

바울이 인용하는 초대교회의 찬송가 1절에 나오는 '하나님이신 예수님'에 대한 고백을 들은 이라면, 예수님을 찬양하지 않을 수 없습니다. 예수님께서 온 세상을 창조하셨다니 놀랍지 않습니까? 예수님께서 모든 피조물보다 먼저 나셨고, 모든 것의 목적이 되신다니 멋지지 않습니까? 우리는 예수님이 하나님이심을 아는 것만으로도 충분히 감격하며 그분을 찬양할 수 있습니다.

그런데 찬송가의 2절 가사가 더 큰 감동입니다. 그 위대한 창조자께서 하늘의 보좌를 버리고 우리 같은 인생들의 머리, 즉 교회의 머리가 되기 위해 이 땅에 내려오셨다니요. 창조주 예수님께서 우리의 근본이 되어 주시고, 우리를 구원하기 위해 십자가에서 죽으시고, 죽은 자 가운데서 다시 살아나 부활의 첫 열매가 되심으로 이제 우리가 하나님과 화목을 누릴 수 있게 되었다니요.

원래 우리는 하나님과 화목할 수 없었습니다. 거룩하신 하나님 앞에서 죄인인 우리는 한순간에 타 버릴 수밖에 없으니까요. 죽을 수밖에 없는 인생이니까요. 그런 우리를 예수님께서 십자가에서 흘린 보배로운 피로 덮으셨습니다. 덕분에 공의로 죄인을 심판하시는 하나님의 눈에 우리의 죄가 보이지 않습니다. 사랑하는 독생자 아들의 피에 덮인 또 다른 아들과 딸이 보일 뿐입니다.

그래서 우리는 하나님 아버지께 나아갈 수 있게 되었습니다. 아버지도 다시 우리를 안으실 수 있게 되었습니다. 하나님께서 달려와 우리를 안으십니다. 우리도 아버지를 끌어안습니다. 이 모든 일이 하나님의 독생자, 사랑하는 아들 예수님께서 우리의 구속을 위해 흘리신 피 덕분입니다.

진리이신 예수님을 사랑하는 교회

성도의 소망은 어디에 있습니까? 거대한 외부의 공격 앞에서 골로새 교회가 붙들어야 하는 것은 무엇일까요? 거대한 시대정신이 교회를 집어삼키려 할 때, 막 시작된 교회가 세상의 세찬 공격을 어떻게 견뎌 낼 수 있을까요?

그때 그들은 이 오래된 찬송가를 불렀습니다. 예수님은 하나님이시고, 우리 교회의 머리가 되신다고요. 그들은 반복해서 이 찬송가를 불렀습니다. 하나님이신 예수님을 바라보며 찬양했습니다. 예수님께서 그들 가운데 임하여 함께하심을 확신하며 찬양했습니다. 찬양이 깊어질수록 그들은 시대정신에 맞서 싸울 수 있었습니다. 거짓에 흔들리지 않을 수 있었습니다.

교회의 비전을 이야기하면서 가장 먼저 '진리'에 대해 살펴보았습니다. 우리는 진리 위에 교회를 세워 갈 것입니다.

유행하는 다른 것들을 교회의 중심에 두지 않을 것입니다. 교회의 중심에는 반드시 진리가 있어야 합니다. 그 진리는 바로 예수 그리스도입니다.

> 진리를 알지니 진리가 너희를 자유롭게 하리라(요 8:32).

교회에서 하는 모든 설교와 강좌와 프로그램은 진리이신 예수 그리스도를 분명하고 풍성하며 온전하게 가르치고 전하는 수단이 되어야 합니다. 교회의 모든 행사와 행정, 조직, 시설 가운데 예수 그리스도가 있는지 물어야 합니다.

왜일까요? 교회의 가장 중심에 있어야 하는 진리가 우리 주 예수 그리스도와 그분에 대한 신앙고백이고, 그분과의 관계이기 때문입니다. 개인이든 교회이든 생명은 오직 예수님께 있습니다. 그 사실을 안다면 위대하신 예수 그리스도를, 하늘로부터 달려와 우리를 끌어안으신 주님을 온전히 알고 사랑하고 찬양하기를 바랍니다. 예수님 안에서 삶의 소망을 얻는 성도 여러분이 되기를 축원합니다.

나눔과 적용

1. 교회의 기초가 되는 가장 중요한 두 가지 진리는 무엇입니까?

2. 예수님과 관계를 맺는다는 것, 예수님을 인격적으로 만난다는 것은 구체적으로 어떤 의미입니까? 함께 나누어 봅시다.

3. 바울은 이단의 가르침에 흔들리던 골로새 교회를 향해 예수님이 누구신지 선명하게 밝히며 권면합니다. 성경이 말하는 예수님은 누구십니까?(골 1:15-20)

4. 우리 교회는 그리스도가 머리 되고 계십니까? 교회 모든 일의 중심에 예수 그리스도가 계십니까?

2
진리인 하나님의 말씀, 성경

무엇과도 비교할 수 없는 그리스도

앞장에서 교회의 모든 일에 기초가 되는 진리는, 우리에게 모든 것을 내어 주신 예수 그리스도라고 말했습니다. 예수님을 빼고 성도의 삶을 설명할 길이 없습니다. 예수님을 빼고 교회를 이야기할 수 없습니다. 예수님이 교회의 머리이시고, 교회는 그분의 몸이기 때문입니다. 예수님은 창조주 하나님이시며 동시에 우리를 위해 죽임 당한 구속자이십니다.

 교회의 기초가 되는 이 진리를 흔들려는 세상 속에서 우리는 이 진리를 끊임없이 보여 주고 외치고 증명해야 합니다. "교회라면 다 그렇게 하고 있지 않나요?"라고 묻는 이들이 있습니다. 저는 "맞습니다. 교회라면 예수님이 머리 되시고, 예수님 중심으로 모든 일을 결정해야지요. 이미 다 그렇게 하고 있습니다"라고 당당하게 대답하고 싶습니다. 하지만 오늘날 교회와 성도의 현실을 들여다보면 과연 그렇게 살고 있는지 잘 모르겠습니다.

정말 예수님이 교회의 머리이십니까? 정말 예수님이 모든 결정의 중심에 계십니까? 정말 진지하게 "예수님이라면 어떻게 하실까"라고 물으며 살고 있습니까?

최근 여러 교회에서 일어나는 일들을 보십시오. 교회에 쏟아지는 수많은 비판을 들어보십시오. 과연 그중에 교회가 예수님 뜻대로 살아서 듣는 비난이 있던가요? 말로만 "예수님은 우리의 중심입니다. 예수님께서 원하시는 대로 하겠습니다. 교회는 주님의 것입니다" 하지 않고, 실제로 그 말대로 살고 있습니까? 안타깝게도 그렇지 않은 경우가 많은 것 같습니다. 우리 교회의 꿈은, 예수님께서 교회의 참 주인이 되시는 것입니다. 주인 되신 예수님의 뜻대로 교회의 모든 것들을 세워 가는 것입니다.

교회의 기준은 세상과 같을 수 없다

"교회의 기준은 예수님이다", "성도는 예수님 중심으로 살아야 한다", "교회는 예수님의 몸이므로 머리이신 그분의 뜻대로 모든 것을 결정해야 한다" 등의 말을 들으면, 솔직히 구체적인 실체가 없다는 느낌입니다. 너무 막연합니다. 우리는 이것을 조금 더 구체화해야 합니다. 예수님이 머리이신 몸 된 교회로서 과연 무엇을 구체적인 기준으로 삼아야 합니까?

많은 성도들이 예수님의 뜻대로 사는 삶을 세상이 말하는 '착한 삶'과 너무 쉽게 동일시하는 경향이 있습니다. 세상 사람들이 인정하는 도덕적인 삶, 법과 질서를 잘 지키는 삶, 양심을 따르는 삶이 예수님께서 원하시는 성도의 삶이라고 생각합니다. 교회 공동체에 대해서도 같은 시각으로 봅니다. 요즘 유행하는 표현으로 하자면, '상식이 통하는 교회'가 좋은 교회라는 것입니다.

저는 이런 표현들이 나올 수밖에 없는 상황을 이 땅의 교회가 만들었다고 생각합니다. 일반인의 상식에도 미치지 못하는 수준의 일들이 교회 안에서 일어나고 있기 때문입니다. 세상의 법과 질서와 양심에도 미치지 못하는 수준의 성도들이 많기 때문입니다. 법과 질서, 도덕, 윤리를 지키는 것은 물론 중요합니다. 예수님을 믿는 사람이라면 반드시 '법 없이도 살 수 있는 사람'이라는 소리를 들어야 합니다. 성도가 세상의 법정에 설 만한 일을 해서는 안 되는 것도 맞습니다. 교회가 세상의 상식보다 낮은 수준의 선택을 해서도 안 됩니다. 다 맞는 말입니다.

하지만 저는 교회를 평가하는 기준이 세상의 상식과 일반적인 양심과 흔히들 생각하는 좋은 정서여야 한다는 주장에 반대합니다. 교회가 그러한 기준에 합당하면 분명 세상의 칭송을 받고 사람들에게 좋은 평가를 받겠지요. 하지만 그것만으로는 '그리스도가 머리이신 교회'가 될 수 없습니다. 교회는 머리이신 그리스도께 순종해야 하는데, 세상과 그리스도가 항상 같은 목소리를 내는 건 아니기 때문입니다.

예를 들어, 대부분의 고등 종교에는 '공로주의'라는 것이 있습니다. 쉽게 말해, 이 땅에서 내가 쌓은 공로(선함)를 근거로 그 종교가 말하는 천국에 들어갈 수 있다는 생각입니다. 내세와 현세에 보상을 받기 위해 지금 이 땅에서 종교 모임에 참석하고, 헌금하고, 기도하며, 구제와 전도에 열심을 내는 것입니다. 일종의 투자입니다. 그래서 공로주의가 있는 종교를 믿는 사람들은 이 땅에서 그들이 말하는 선(공로)을 열심히 행합니다.

결과적으로 '오직 은혜로' 하나님 나라에 들어간다고 고백하는 개신교 신자보다 공로주의를 따르는 종교인들이 세상에서 더 칭찬을 받는 경우가 생깁니다. 예수 그리스도를 믿지 않아도 신자보다 '잘 사는' 것처럼 보이는 '훌륭한' 비기독교인이 충분히 나올 수 있습니다. 우리는 비기독교인이라 할지라도 훌륭한 사람들의 삶의 방식을 인정하고 존경하며 감사해야 합니다. 가능하다면 닮기 위해 노력해야 합니다. 그러나 성도가 지켜야 하는 온전한 삶의 기준은 세상이 말하는 훌륭함에 있지 않습니다.

우리는 이 땅에서 살고 있으나 이 땅의 시민권자가 아닙니다. 우리는 하늘의 시민권을 가지고 있으며 하나님의 통치를 받는 사람들입니다. 교회는 그런 사람들의 모임입니다. 그래서 예수님을 믿고 예수님의 뜻을 따라 예수님과 함께 살아야 합니다.

우리 삶의 기준이 되시는 예수님은 자신의 뜻을 성경에

담아 우리에게 주셨습니다. 우리 삶의 성패를 결정하는 기준, 즉 교회의 성공과 실패를 결정하는 기준은 세상이 아니라 예수님이며, 예수님께서 주신 하나님의 말씀인 것입니다. 그러므로 교회를 교회 되게 하는 두 번째 기준은 하나님의 말씀, 즉 성경입니다.

성경에는 예수님의 뜻이 담겨 있다

우리 교회가 속한 장로교 헌법의 '신조'를 보면, "특별히 웨스트민스터 신도게요서와 성경 대·소요리 문답은 성경을 밝히 해석한 책으로 인정한 것인즉, 우리 교회와 신학교에서 마땅히 가르칠 것으로 알며, 그중에 성경 소요리 문답은 더욱 우리 교회 문답책으로 채용한다"라고 밝히고 있습니다.

무슨 말입니까? 우리의 믿음을 고백하고 그 내용을 정리할 때, 한국 장로교는 웨스트민스터 신앙고백을 기초로 삼는다는 것입니다. 사실 우리는 웨스트민스터 회의에서 만든 소요리 문답의 첫 번째 문답을 자기도 모르는 사이에

외우고 있는 경우가 많습니다. 제1문과 그에 대한 답입니다.

> 제1문: 사람의 제일 되는 목적이 무엇입니까?
> 답: 사람의 제일 되는 목적은 하나님을 영화롭게 하는 것과, 그를 영원토록 즐거워하는 것입니다.

'아, 내가 예전에 했던 고백이 소요리 1문답이었구나'라고 생각하는 분이 많을 것입니다. 문제는 우리가 늘 첫 번째 질문과 답변만 해왔다는 것입니다. 어린이나 초신자를 위해 기독교의 핵심을 묻고 대답하는 방식으로 가르치는 소요리 문답서에는 질문이 107가지나 있습니다. 우리는 그중에서 늘 첫 번째 문답만 배우고 고백했던 것입니다. 한 걸음 더 들어가 두 번째 질문과 답변을 보겠습니다.

> 제2문: 어떻게 하나님을 영화롭게 하고 그를 즐거워할 것인지를 지시하기 위해 하나님께서 우리에게 주신 규칙은 무엇입니까?
> 답: 신구약 성경에 기록된 하나님의 말씀은 우리가 어떻게 하나님을 영화롭게 하고 그를 즐거워할 것인지를 지시하는

유일한 규칙입니다.

성도가 살아가는 목적은 하나님께 영광을 돌리는 데 있습니다. 아마 성도들 대부분이 그런 답변을 언제고 한번은 했을 것입니다. 문제는 어떻게 하나님께 영광을 돌릴 수 있는지는 제대로 듣지 못한 것입니다. 그래서 '하나님께 영광을 돌린다'는 말을 자기 마음대로 해석하고 적용할 때가 많습니다. 하나님께 영광을 돌리기 위해 공부를 잘해야 한다거나, 사업에서 큰 이익을 내야 한다거나, 경기에서 좋은 기록을 내야 한다고 성경은 말하지 않습니다. 세상은 그런 일을 잘했다고 칭찬하지만, 그건 하나님께 영광을 돌리는 방법이 아닙니다.

소요리 문답 제2문의 답은, 하나님을 영화롭게 할 수 있는 것은, 사람들이 말하는 그 무엇이 아니라 오직 "기록된 하나님의 말씀"이라고 밝히고 있습니다. 답변은 "유일한 규칙입니다"로 마무리 됩니다. 하나님을 기쁘시게 할 수 있는 것은 세상이 말하는 '착한 것'이 아닙니다. 신구약 성경에 기록된 하나님의 말씀을 듣고 깨닫고 적용하지 않는 한, 우리는 하나님께 영광을 돌리는 인생이 될 수 없습니다. 성경이 아니고서는 결코 하나님의 뜻을 따르고, 진리이신 예수님께서 원하시는 선택과 결정을 할 수 없습니다.

기준이 흔들리는 세상 속에서

디모데후서 3장 10-17절을 보겠습니다.

> [10] 나의 교훈과 행실과 의향과 믿음과 오래 참음과 사랑과 인내와 [11] 박해를 받음과 고난과 또한 안디옥과 이고니온과 루스드라에서 당한 일과 어떠한 박해를 받은 것을 네가 과연 보고 알았거니와 주께서 이 모든 것 가운데서 나를 건지셨느니라 [12] 무릇 그리스도 예수 안에서 경건하게 살고자 하는 자는 박해를 받으리라 [13] 악한 사람들과 속이는 자들은 더욱 악하여져서 속이기도 하고 속기도 하나니 [14] 그러나 너는 배우고 확신한 일에 거하라 너는 네가 누구에게서 배운 것을 알며 [15] 또 어려서부터 성경을 알았나니 성경은 능히 너로 하여금 그리스도 예수 안에 있는 믿음으로 말미암아 구원에 이르는 지혜가 있게 하느니라 [16] 모든 성경은 하나님의 감동

으로 된 것으로 교훈과 책망과 바르게 함과 의로 교육하기에 유익하니 ¹⁷ 이는 하나님의 사람으로 온전하게 하며 모든 선한 일을 행할 능력을 갖추게 하려 함이라.

바울은 사랑하는 영적 아들 디모데에게 앞으로 일어날 일들을 이야기하며 잘 대비하라고 편지를 씁니다. 바울은 지금 감옥에 있습니다. 언제 처형을 당할지 모르는 처지입니다. 더욱이 로마 제국이 이제 시작된 교회를 얼마나 강하게 탄압할지를 내다보고 있습니다. 그는 모든 부정적인 상황 속에서 어떻게든 디모데가 믿음을 지키는 동시에 교회를 지켜 내기를 바라고 있습니다. 바울은 그 시대를 가리켜 예수님을 똑바로 믿으면 박해를 받는 때라고 말합니다. 예수님 안에서 경건하게 살려는 자, 예수님을 똑바로 믿고 그분의 뜻대로 살려는 자가 박해를 받는 시대입니다. 국가 권력의 탄압을 받습니다.

13절은 상황을 조금 더 구체적으로 설명합니다. 악한 자들과 속이는 자들이 있는데, 그들이 더욱 악해져 성도들을 속일 때 그들 중 일부가 속아 넘어갈 것이라고 말합니다. 그야말로 악이 가득한 시대입니다. 기독교 신앙의 뿌리를 잘라 내려는 시대입니다. 거대한 로마 제국과 황제의 서슬 앞에서 이제 막 세워진 교회가 한없이 작아 보입니다. 황제가 핍박한다면 속이는 자는 미혹합니다. 교회가 세상의 힘과 지혜에 밀려 이 땅에서 사라질 위기에 처했습니다.

저는 지금 우리가 살고 있는 시대가 로마 황제의 핍박 아래에서 목숨 걸고 신앙을 지켜야 했던 그 시대와 같다고 과장하고 싶지는 않습니다. 그러나 우리 역시 다른 방식으로 '예수 그리스도를 주님으로 고백하며, 그분의 뜻에 순종하는 교회'를 찾아보기 어려운 시대에 살고 있습니다. 외부의 핍박 때문이 아니라 교회에 몰래 들어온 '속이는 자'와 '속이는 가르침' 때문입니다.

이 대목에서 교회 안에 들어온 이단이 떠오를 것입니다. 교회에 숨어들어 '성경공부'라는 이름으로 성도들에게 거짓된 사상을 불어넣고 현혹하는 신천지 같은 이단이 오늘날 교회에 큰 위협이 되고 있으니까요. 그러나 제 생각에는 정상적으로 보이는, 이른바 전통적인 교회 안에 들어온 '속이는 자'와 '속이는 가르침'이 더 심각한 문제입니다.

우리가 무엇을 먹든 그것이 무엇인지는 시간이 지나면 드러나게 마련입니다. 이 땅의 교회와 성도들이 세상의 법

앞에서 판단받는 일들이 참 많습니다. 교회가 세상을 위해 기도해야 하는데, 요즘은 오히려 세상이 교회를 안타까워하는 실정입니다.

최근에 불신자 판사가 한 대형교회 담임목사에게 실형을 선고한 일이 있습니다. 목사가 성도들의 헌금으로 수년간 도박을 해서 교회 재정에 크게 손실을 끼친 사건입니다. 목사는 "도박으로 돈을 불려 교회의 어려운 재정을 확충하려 했다"고 변명했습니다. 상식적으로 도무지 이해할 수 없는 변명입니다. 더 기가 막힌 건 목사의 변명을 교단과 성도들이 수긍했다는 것입니다. 심지어 '은혜롭게' 목사의 치부를 덮어 주어야 한다는 교회 내 여론까지 있었다고 합니다. 도박 자체가 우리나라에서는 불법인지라 이 사건은 정식 재판에 회부되었습니다. 다음은 법원의 최종 판결문입니다.

> 목사 가운데는 참 목사와 거짓 목사가 있는데, 피고인은 목사의 도리를 지키지 아니한 거짓 삯꾼 목사가 아닌가 의심된다.…피고인에게 징역 4년 9개월을 선고한다. 성직자는 일반인보다 도덕성이 높아야 한다. 그런데 피고인은 주일에도

도박장에서 살다시피 했다. 카지노 워커힐에서 51억을 땄지만 93억을 잃었다. 강원랜드에서 77억을 쓴 증거도 있다. 탕진한 돈은 성도의 피 묻은 돈이었다. 신의 돈을 도둑질한 것과 같다. 수시로 말을 바꾸는 등 반성은 전혀 없었다. 인간의 법정에서는 이걸로 끝나지만, 앞으로 양심과 신의 법정에서도 심판받을 날이 있을 것이다. (서울고법 형사3부 부장판사 조영철)

도박으로 수십 억의 헌금을 써 버린 목사에게 금고형을 선고한 세상 법정의 판결이 옳을까요, 아니면 목사의 잘못을 은혜로 덮고 가자는 교단과 그 교회 성도들의 판단이 옳을까요? 저는 세상의 판결이 옳다고 생각합니다. 판결문을 읽는 내내 한없이 부끄러웠습니다.

오랫동안 잘못 가르쳤고 잘못 배웠습니다. 비상식을 기준으로 가르치고 배우다 보니 오늘날 젊은 세대의 눈에 교회가 적폐의 대상이 된 것 같습니다. 교회 공동체보다 세상 법정의 판사가 더 하나님의 공의에 가까운 판단을 내리고 있다니요. 많은 교회가 옳고 그름을 판단하는 기준을 잃어버렸습니다. 디모데가 섬기던 에베소 교회처럼 우리 시대의 교회에도 속이는 자와 속이는 가르침이 들어왔습니다. 그리고 우리도 모르는 사이에 거짓 가르침을 기준으로 삼아 이상한 판단을 하기에 이르렀습니다.

지금 한국 교회의 문제는 외부의 공격이 아닙니다. 우리도 모르는 사이에 스며들어 교회를 썩게 만드는 속이는 자와 속이는 가르침이 문제입니다. 세상에 바른 기준을 제시해야 하는 교회가 오히려 세상의 법정에서 판단을 받으며 부끄러움을 당합니다. 세상의 기준보다 못한 것이 교회의 기준이 된 탓입니다. 그러니 교회의 회복을 이야기하려면 먼저 '기준의 회복'을 언급하지 않을 수 없습니다. 우리가 붙들고 회복해야 할 기준은, 바로 예수님께서 우리에게 주신 하나님의 말씀, 곧 성경입니다.

배우고 확신한 일에 거하라

핍박과 속임으로 교회가 진멸할 위기에 처한 시대를 바라보던 바울이, 영적 아들 디모데에게 마지막 유언과도 같은 권면을 합니다.

¹⁴ 그러나 너는 배우고 확신한 일에 거하라 너는 네가 누구에게서 배운 것을 알며 ¹⁵ 또 어려서부터 성경을 알았나니(딤후 3:14-15).

바울은 지금 디모데에게 "네가 어릴 적부터 성경에서 배우고 확신한 것들을 붙들라"고 권면하고 있습니다. 디모데가 에베소 교회를 섬기는 과정에서 수많은 세상의 소리를 듣고 여러 사람들의 지혜와 유행하는 생각을 접했을 텐데, 그것을 사역의 기준으로 삼으면 안 된다는 말입니다. 디모데가 붙들어야 할 유일한 기준은, 그가 어려서부터 배우고 바울을 통해 배운 하나님의 말씀, 즉 성경이라고 말하고 있습니다.

세상의 지혜라고 해서 죄다 나쁜 건 아닙니다. 개중에는 탁월하고 멋진 것도 있겠지요. 그러나 그것을 교회의 기준으로는 삼지 말라는 것입니다. 새로 나온 신기한 것을 좇아가지 말라는 것입니다. 이미 배운 말씀, 즉 살아오면서 차근차근 쌓은 말씀을 붙들고, 예수님을 처음 믿고 확신한 진리를 붙들며, 동시에 그 진리에 붙잡히라는 것입니다.

디모데는 흔들리고 있었습니다. 로마 제국이 기독교를

강력하게 핍박하고, 교회 안에 기독교의 가르침을 공격하는 거짓 선생이 많아지면서 그도 혼란에 빠졌습니다. 한 치 앞도 예측할 수 없는 교회의 미래입니다. 그런 상황에서 디모데는 급변하는 시대에 맞는 새로운 기준이 필요하지 않겠느냐고 질문했을지도 모릅니다. 자신과 이 교회 공동체가 과연 살아남을 수 있을까 두려웠을 것입니다. 어려서부터 알았고, 바울을 통해 정리한 하나님의 말씀이 급변하는 이 시대에도 유용할는지 의심되는 상황입니다.

바울은 디모데가 혼란과 의심을 겪고 있음을 알았습니다. 그래서 황제의 박해와 속이는 자의 속임 속에서도 올곧게 하나님의 말씀을 붙들고 가라고 유언처럼 묵직하게 권면합니다.

디모데는 바울의 말을 듣고 흔들렸던 마음을 다잡습니다. 본래 교회의 기준인 하나님의 말씀을 다시 붙듭니다. 어릴 적부터 외할머니와 어머니 품에서 배운 하나님의 말씀, 즉 진리가 이미 충만했기에 가능한 일입니다. 바울에게서 하나님의 말씀을 통해 복음의 비밀을 충분히 배우고, 그것을 어떻게 구체화할지 알았기에 가능한 일입니다. 오늘날 우리는 디모데 때보다 훨씬 더 심각한 상태인지도 모릅니다. 일단, 성경을 너무 모릅니다. 어릴 적부터 배우지 않았으니까요. 열심히 가르쳐 준 사람도 없었고, 열심히 배우지도 못했습니다.

최근 교회에 비판이 마구 쏟아지는 이유가 무엇입니까? 교회가 급격하게 세속화되는 이유를 어떻게 진단해야 할까요? 교회가 너무 쉽게 아무나 회원으로 받아 주었기 때문이 아닐까요? 한국 교회의 세속화는 한국 교회의 폭발적 증가와 가장 큰 연관이 있습니다. 이 문제에 대해 미국 UCLA 한국기독교학 옥성득 교수가 자신의 블로그에 포스팅한 글이 기사에 소개되었습니다.

> 옥 교수는 "초기 기독교 사회에서 세례를 받는다는 건 인생을 고스란히 하나님 앞에 바친다는 의미였다"고 했습니다. 그는 요즘처럼 세례받는 일이 쉬워진 데 대해 '교세의 폭발적 증가'에서 원인을 찾습니다. 다른 교회로 옮겨 다니는 신자들의 수평 이동이 늘면서 굳이 신앙생활의 기초를 가르칠 필요가 줄어들었다는 것이죠. 어려운 학습 대신 '등록 안내'만 하면 됐던 겁니다. 초신자들과 수평 이동 신자들이 함께 등록 안내를 받는 일이 교회 현장에서 실제로 일어납니다. 한번

쉬워진 세례의 문턱을 다시 높이기란 어렵습니다. '값싼' 세례가 만연하고 있는 셈이죠. 옥 교수의 당부가 귓가를 맴돕니다. "한국교회가 건강성을 회복하는 길은 제대로 된 신자를 기르는 겁니다. 초기 한국 기독교의 모습을 되찾으면 됩니다. 그것이 지름길입니다." ("깐깐했던 기독교 초창기 세례 심사", 국민일보, 2018. 2. 6., 장창일 기자)

한국 교회의 급격한 성장 배경에는 산업화에 따른 도시화가 있습니다. 시골 인구가 급격하게 도시로 몰려들었고, 시골 교회 성도들도 도시 교회로 수평 이동했습니다. 그 와중에 지역을 뛰어넘는 대형교회가 등장합니다. 그런데 입교나 세례 과정이 교회 대형화의 발목을 잡자 많은 교회가 수적 성장을 위해 그 과정을 대폭 줄였습니다. 갑자기 커진 교회를 효율적으로 유지하고자 직분자를 세우는 과정마저 대폭 줄였습니다. 하나님의 말씀을 읽지 않아도, 묵상하지 않아도, 무슨 뜻인지 잘 몰라도 교회에서 연차가 쌓이고 인망을 얻으면, 더욱이 세상에서 어느 정도 사회적 지위와 재력까지 갖추면 금세 교회의 중직을 맡겼습니다.

단지 성도들만의 문제가 아닙니다. 목회자도 동일한 문

제를 겪습니다. 목회자 신분이 세상에서 어느 정도 인정을 받게 되면서 목회자가 되고 싶어 하는 사람들이 많아졌습니다. 그런 이들을 점검할 시스템이 미비한 상태에서 오직 개인의 내적 확신에 따라 목회의 길에 뛰어든 일부 목회자들은, 이미 성경의 가르침을 별로 중요하게 생각지 않는 교회 풍토 속에서 말씀이 아닌 것들에 열심을 냈습니다. 하나님의 말씀에는 무지하지만 '사역'은 잘하는 목회자가 가능해졌습니다. 세상의 지혜를 입담 좋게 전하면 '좋은 설교자'가 되는 일마저 생겼습니다.

교회는 그렇게 점점 더 하나님의 말씀과 무관한 모임이 되어 갔습니다. 그러니 교회가 엉망이 될 수밖에 없습니다. 기준이 흔들리니 "도박으로 돈을 불려 교회 재정을 늘리려 했다"라고 망발하는 목사가 나오고, "아, 우리 목사님이 선한 의도로 그러셨구나" 하고 맞장구치는 성도가 나오는 것입니다.

급변하는 사회 속에서 한국 교회는 기준을 잃어버렸습니다. 말씀을 말씀대로 가르치는 것은 이제 인기가 없습니다. 딱딱하고 재미없는 구닥다리로 생각합니다. 뭔가 새롭고 '신박한' 것을 찾습니다. 그 결과 우리는 '유일한 기준'을 잃어버렸습니다. 돌아가려 해도 어디로 돌아갈지 모를 만큼 멀리 와 버렸습니다.

성도 여러분, 하나님의 말씀을 모든 결정의 중심에 두기를 바랍니다. 생명의 주님을 알기 위해, 주님이 우리에게 원하시는 뜻을 알기 위해, 그분이 직접 주신 성경 말씀을 연구하고 가르치며 나누는 교회가 되기를 바랍니다.

성경의 가르침이 삶의 기준이 되기 위해서는 훈련을 해야 합니다. 말씀을 증거하고 가르치는 목회자를 비롯해 교회 직분자들이 먼저 하나님의 말씀 앞에 서야 합니다. 특정 지도자나 몇몇 유력인, 다수결이나 세상의 상식을 따르는 교회가 아니라 하나님의 말씀을 따라 움직이는 교회가 되고 싶다면, 우리는 반드시 하나님의 말씀으로 돌아가야 합니다.

능력의 말씀으로 회복되는 교회

2천 년 전에 쓰인 성경이 오늘날에도 과연 적실한 기준이 될 수 있는지 누군가는 의문을 제기할지도 모릅니다. "디모데가 적용한 기준을 오늘날 우리도 적용할 수 있다고요? 시대와 상황이 다른데 어떻게 그럴 수 있나요?"

성경의 저자를 단지 특정 '개인'이라고 생각한다면 그러한 의구심을 갖는 게 맞습니다. 2천 년 전에 저술된 책에서 몇 가지 좋은 교훈을 뽑을 수 있어도 우리의 모든 생각과 행동의 원칙을 끌어내는 건 무리일 것입니다. 새로운 세상에 새로운 가르침이 필요한 건 당연합니다.

그러나 제가 믿는 바 성경은 사람이 쓴 사람의 책이 아닙니다. 성경의 저자는 성령 하나님이십니다. 그래서 성경을 개관할 때 각권의 (저자가 아니라) 기자라는 호칭을 쓰는 것입니다. 인간인 기자가 성경의 실제 저자인 성령 하나님의 영감을 받아서 기록했다는 의미입니다. 성경의 저자는 오직 한 분 성령 하나님이십니다. 영원 전부터 계신 성령 하나님께서 성경을 기록하셨다면, 그 말씀은 예나 지금이나 동일하게 믿을 수 있는 것입니다.

이제 바울은 성경으로 돌아가 성경의 기준을 회복했을 때 성도와 교회 안에 어떤 결과가 오는지 설명합니다. 이 모든 일을 만들어 내는 능력이 성경에 있습니다.

¹⁵ 또 어려서부터 성경을 알았나니 성경은 능히 너로 하여금 그리스도 예수 안에 있는 믿음으로 말미암아 구원에 이르는 지혜가 있게 하느니라 ¹⁶ 모든 성경은 하나님의 감동으로 된 것으로 교훈과 책망과 바르게 함과 의로 교육하기에 유익하니 ¹⁷ 이는 하나님의 사람으로 온전하게 하며 모든 선한 일을 행할 능력을 갖추게 하려 함이라(딤후 3:15-17).

정리하자면 하나님의 말씀은,

- 예수님 안에 있는 믿음을 소유하게 합니다.
- 구원에 이르는 지혜를 갖게 합니다.
- 교훈과 책망과 바르게 함과 의로 교육하기에 유익합니다.
- 성도를 온전케 하여 모든 선한 일을 행할 능력을 갖추게 합니다.

성경은 오늘날에도 사람을 변화시키는 능력에 있어 적실합니다. 성경은 우리로 하여금 예수님을 바르게 믿을 수 있게 합니다. 어떻게 해야 구원을 얻을 수 있는지 알려 주고, 그 길에서 벗어나지 않게 합니다. 성경은 하나님의 자녀 된 우리가 어떻게 해야 주님이 기뻐하시는 영적 어른이 될 수 있는지도 가르쳐 줍니다. 성도의 삶을 교훈하고, 성도가 된 후에도 짓는 죄를 책망하며 잘못된 길에서 돌이키게 하고, 하나님의 의를 위해 살아가도록 지금도 가르치는 일을 하고 있습니다. 하나님의 사람인 우리를 온전하고 강하게 만들어 오늘 우리가 해야 하는 선한 일을 할 수 있게 합니다.

바울은 이것을 확신했습니다. 하나님 말씀의 능력이야말로 우리를 하나님의 백성답게 살게 하는 유일한 능력임을 믿었습니다. 성경의 진리만이 핍박과 속임 속에서도 교회를 세우고 유지하며 보존하게 하는 힘이라고 믿었습니다. 그래서 사랑하는 영적 아들 디모데에게 반복해서 힘 있게 권면합니다.

바울이 하나님의 말씀을 얼마나 확신하는지 보여 주는 또 다른 본문은 사도행전 20장입니다. 바울은 하나님의 뜻을 좇아 핍박이 기다리고 있다는 예언에도 불구하고 예루살렘으로 향합니다. 그 길이 생애 마지막 여행이라고 생각한 바울은 여정 가운데 디모데가 섬기는 에베소 교회의 장로들에게 만나기를 청했고 밀레도에서 만남이 이루어졌습니다. 안타까운 이별의 시간이 되었을 때, 바울은 에베소 교회의 장로들에게 이렇게 인사합니다.

> 지금 내가 여러분을 주와 및 그 은혜의 말씀에 부탁하노니 그 말씀이 여러분을 능히 든든히 세우사 거룩하게 하심을 입은 모든 자 가운데 기업이 있게 하시리라(행 20:32).

이 구절을 주의 깊게 읽지 않으면 '바울이 장로들에게 하나님의 말씀을 부탁했다'고 생각하기가 쉽습니다. 그러나 이는 바울의 의도를 반대로 읽은 것입니다. 자세히 보십시오.

바울은 장로들에게 무언가를 부탁하는 게 아니라, 주님과 주님의 은혜로운 말씀에 장로들을 부탁하고 있습니다. 에베소 장로들을 지켜 달라고, 든든히 세우고, 기업을 이을 수 있게 해달라고 합니다. 고난을 겪고 있는 에베소 교회와 장로들을 살아 있는 하나님의 말씀에 부탁하고 있습니다. 하나님의 말씀에 그럴 수 있는 능력이 있기 때문입니다. 이 땅에서 우리를 성도로 살게 하고, 교회를 주님의 교회로 살아가게 하는 모든 능력이 말씀 안에 있습니다.

저는 주님이, 교회를 주님의 기준인 하나님의 말씀으로 세우기를 기뻐하신다고 확신합니다. 말씀이 단순히 옳고 그름을 나누는 기준이 될 뿐 아니라 우리로 하여금 그렇게 살아갈 수 있게 하는 능력임을 믿습니다. 그러므로 교회 안에서 끊임없이 성경을 가르치고 배워야 합니다. 교회 공동체에 진리가 가득하기 위해 성경을 읽고 묵상해야 합니다.

저는 여기서 한 걸음 더 나아가고자 합니다. 단지 말씀을 가르치고 배우는 데 머물지 않고, 교회의 모든 행정과 조직이 성경의 원리에 근거하는지 물을 것입니다. 직분을 세우고, 이러저런 행사를 열고, 일상적인 행정 일을 할 때 "과연 성경이 그렇게 말하는가?"를 묻겠다는 것입니다. 성경이 아니라고 하면 하지 않겠습니다. 성경이 하라고 하면 하겠습니다. 이렇게 하는 것은 우리 교회를 진리인 하나님의 말씀 위에 다시 세우기 위해서입니다.

우리 교회와 성도들의 모든 삶과 결정의 중심에 하나님의 말씀이 명확히 드러나기를 소원합니다. 그 일이 영아부 아기들에서 장년과 노년에 이르기까지 동일하게 이루어지도록 준비하고 애쓰는 교회가 되겠습니다. 인간의 지혜와 실력에 기대지 않고 '주님과 주님의 은혜로운 말씀'에 기대겠습니다. 교회를 세우는 중심에 진리인 하나님의 말씀을 두겠습니다. 그 진리에 사랑하는 우리 교회와 성도들을 맡길 때, 주님이 말씀으로 우리를 얼마나 아름답게 빚으실지 기대합니다.

나눔과 적용

1. 예수 그리스도가 머리이신 몸 된 교회로서 우리는 예수님의 뜻대로 살기를 원합니다. 예수님의 뜻은 어떻게 알 수 있습니까?

2. 교회가 핍박과 속임으로 위기에 처했을 때, 바울은 영적 아들 디모데에게 뭐라고 권면합니까?(딤후 3:14-15)

3. 하나님의 말씀에는 어떤 능력이 있습니까?(딤후 3:15-17)

4. 성경과 성경의 원리를 따라 교회 내 중요한 사항을 결정한 적이 있습니까? 어떻게 성경과 성경의 원리를 따라 내가 속한 교회와 부서를 섬길 수 있을지 생각해 봅시다.

2부
사랑으로 표현하는 교회

3
하나님은 사랑이시기에

교회 앞 '접근 금지' 표지판

지금 우리는 한 지역교회의 비전을 나누고 있습니다. 어찌 보면 숱한 동네교회 중 하나에 불과한 교회의 비전을 왜 나누어야 할까요? 이것이 단지 제가 섬기는 한 교회만의 이야기여서는 안 되기 때문입니다. 한 지역교회의 비전이 주변 다른 교회들의 비전과 확연하게 다를 수 없습니다. 교회 공동체는 기본적으로 보편성을 띠어야 합니다.

우리 교회의 비전을 정리하고 선포하는 설교를 준비하는 가운데, 하나님께서 이 땅의 교회 공동체를 향해 이미 품고 계신 뜻이 있음을 발견했습니다. 저는 새로운 이야기를 하려는 게 아닙니다. 이미 있었지만, 지금은 많이 퇴색해 버린 '성경적 교회론'을 나누려고 합니다. 제가 꿈꾸는 것을 공유하는 사람들이 많아지고, 우리 교회에서 일어나는 일들이 곳곳에서 일어나기를 소원합니다. 이제 "진리로 사랑하는 우리"의 두 번째 단어 "사랑하는"의 의미를 살펴보겠습니다.

기독교와 교회를 비하하는 유머가 한창 인터넷에 오르던 때가 있었습니다. 안티 기독교인이 만들어 내는 기사와 글은 언급할 가치조차 없다며 무시하는 이들도 있지만, 그런 글에서도 우리는 배워야 합니다. 안티 기독교인의 비판과 비아냥 가운데는 때로 교회에 깊숙이 들어와 있는 사람은 전혀 볼 수 없는 통찰이 들어 있기 때문입니다.

그중에 짧지만 많이 생각하게 하는 문장이 하나 있습니다. "교회 정문 앞에 기독교인들이 반드시 세워야 하는 표지판이 있다. 바로 '접근 금지: 위험'이라는 표지판이다." 교회가 대단히 위험한 곳이라는 말입니다. 교회에 처음 가면 다들 미소를 지으며 받아주는 것만 같습니다. 그러나 시간이 지나면서 무언가를 요구합니다. 내 딴에는 마음을 열고 솔직하게 나눈 이야기가 교회에서 돌고 돌아 왜곡된 채 다시 내 귀에 들려옵니다. 이런저런 식으로 마음의 상처를 받는 경우가 생깁니다. 그러니 교회는 위험한 곳이고, 표지판이라도 세워서 경고해야 한다는 것입니다.

정말 교회 앞에 접근 금지 표지판이라도 세워야 하는 걸까요? 그 글에는 교회 앞에 '개 조심' 표지판을 세워야 한다는 댓글도 달려 있었습니다. 교회에 사나운 개들이 너무 많아서 생각 없이 들어갔다간 물리니 경고해 줘야 한다는 것입니다. 이 모든 게 그냥 예수님 안 믿는 사람들이 만들어 낸 근거 없는 이야기일까요?

저 역시 성도들을 심방하고 상담하다 보면 교회에서 상처를 받았다는 이들을 많이 만납니다. 교회 공동체에 들어갔다가 사람에게 실망했다는 소리도 듣습니다. 누구누구 때문에 죽을 것 같다는 하소연도 듣습니다. 교회에서 사기를 당하고 갑질을 당했다고 합니다. 세상보다 교회에서 더 상처를 받았고, 아직 그 상처가 낫지 않아서 다시 교회에 돌아갈 수 없다고 합니다.

실제로 그런 일들이 교회에서 일어납니다. 세상에서도 잘 일어날 것 같지 않은 일들이 교회에서 일어납니다. 더욱이 예수님을 주님으로 고백하는 성도들 사이에서 일어납니다. 그러다가 교회가 둘, 셋으로 갈라지고 깨어집니다. 어제만 해도 한 교회의 성도였는데 뿔뿔이 흩어지는 모습을 우리는 심심찮게 보고 듣습니다. 도대체 왜 이런 일이 생기는 걸까요?

사랑받기 위해 왔다가 상처받는 사람들

왜 성도들이 교회에서 상처를 받는 걸까요? 왜 세상의 공동체보다 신앙 공동체에서 상처받는 일이 많을까요? 여러 이유가 있겠지만, 저는 역설적으로 '사랑 때문'이라고 말하고 싶습니다.

우리는 교회에 들어오면 사랑받기를 기대합니다. 사랑하기로 결단하기도 하지요. 그래서 교회에 와서는 사람들을 평소와 다르게 대하려고 노력합니다. 교회가 사랑의 공동체여야 한다는 마음이 이미 있기 때문입니다. 그런데 사랑하면 어떤 일이 벌어집니까? 사랑하기 때문에 아픈 일이 생깁니다. 사랑하지 않으면 별로 아프지 않을 일도 사랑하기 때문에 아픕니다. 무슨 말이냐고요?

누가 우리를 가장 아프게 합니까? 누가 우리를 가장 많이 울게 합니까? 가족이 아니던가요? 사랑하는 배우자 때문에 우리는 많이 아파합니다. 사랑의 열매인 자녀 때문에 속상해 합니다. 내게 생명을 준 부모 때문에 눈물을 흘립니다. 저는 우리 성도들이 세계 평화 때문에 우는 것을 본 적이 없습니다. 국가 경제나 남북 통일을 위해 깊이 탄식하는 분도 아직 만나지 못했습니다. 지역사회를 위해 애태우는 분도 보지 못했습니다. 얼마간은 고민을 하고 문제를 언급하거나 침울해합니다. 그러나 대부분은 자신이나 가족의 문제 때문에 통곡합니다. "가족은 손가락에 박힌 가시 같다"고 하지요. 잘 보이지는 않지만 분명히 박혀 있고, 어쩌다 건드리면 사무치게 아픈 가시 말입니다.

저 역시 가족이 제일 어렵습니다. 사랑하고 싶은데 사랑하기가 가장 어려운 대상이 가족이 아닌가 합니다. 정말 좋은 남편이 되고 싶지만 좋은 남편이 뭔지 잘 모르겠습니다. 좋은 아빠, 좋은 가장이 되고 싶은데 뭘 어떻게 해야 할지 모르겠습니다. 늘 긴장하지만 늘 실수합니다. 세상에서 가장 부러운 것이 화목한 가정입니다. 다른 관계가 이토록 힘들다면 저는 아마 포기하고 도망쳤을 것 같습니다.

그러나 가족은 싫다고 해서, 부담이 된다고 해서 떠날 수 없습니다. 사랑으로 묶여 있기 때문입니다. 나를 아프게 하고, 내가 아프게 하고 있음에도 불구하고 가족은 계속 함께해야 합니다. 상처받고 눈물 흘리는 이유가 대부분 가족에게 있어도 우리가 여전히 가족 안에 머무는 이유가 바로 이것입니다.

그럼에도 교회 안에 머무는 이유

바로 그런 눈으로 교회를 보면 좋겠습니다. 교회가 무엇입니까? 교회는 그리스도를 주님으로 고백한 백성들, 즉 성도들의 모임입니다. 절대로 건물이 아닙니다. 그러한 성도를 성도 되게 하는 것은 '그리스도의 피'입니다. 그 피로 우리는 하나님의 자녀가 되었고, 서로 형제자매가 되었습니다. 우리는 영적 가족입니다. 그래서 아픈 것입니다. 다른 관계였다면 진즉 떠났겠지만, 가족이기 때문에 상처를 받으면서도 교회 안에 머물기로 한 것입니다.

교회에는 수많은 종류의 사람들이 있습니다. 저마다 성숙한 정도가 다릅니다. 영적 수준뿐 아니라 정서적 수준도 다릅니다. 세상은 어느 정도 비슷한 사람들끼리 모이지만 교회는 그렇지 않습니다. 교회는 그리스도 안에 들어온 사람들이 다 모이는 곳입니다. 여기에는 영적 갓난아기도 있고, 영적 아이도 있고, 영적 청년도 있고, 영적 어른과 영적 부모도 있습니다. 살아온 배경이나 관심사도 너무 달라 대화가 전혀 통하지 않는 사람들이 함께 지내는 곳이 바로 교회입니다.

심지어 예수님은 교회에 하나님의 자녀가 아닌 이들도 들어와 있을 거라고 말씀하십니다. 교회 안에 분명 알곡과 가라지가 있는데, 마지막 추수 때까지 늘 섞여 있을 거라고 말씀하십니다. 우리는 교회에서 그 가라지를 날마다 경험합니다.

말했다시피 교회는 반드시 진리의 반석 위에 세워져야 합니다. 진리는 다름 아닌 예수 그리스도이고, 하나님의 말씀인 성경입니다. 문제는 그런 고백 없이 교회에 들어와 성도인 척하는 사람들입니다. 악한 의도로 교회에 들어와 한 자리를 차지하고 자신의 야망을 성취하려는 사람들마저 있습니다. 세상의 모임에서 이 정도로 다른, 그래서 마음이 통하지 않는 사람들과 함께해야 한다면 진즉 그곳을 나왔을 것입니다. 이 정도로 이상한 사람들이 많으면 처음부터 그 모임에 들어가지도 않았을 테지요. 이 정도로 마음 상하는 일을 경험하면 욕하며 그곳을 뛰쳐나왔을 테지요. 그런 마음이 이미 수백 번 들지 않았습니까?

그럼에도 교회 안에 있는 이유가 무엇입니까? 좋은 설교를 듣고 싶은 거라면 인터넷에 수천 수만 개의 설교가 있습니다. 좋은 일을 하고 싶은 거라면 검증된 NGO가 있습니다. 좋은 사람들을 만나고 싶은 거라면 취미와 수준이 비슷한 동아리가 있습니다. 그런데도 여러분은 왜 교회 안에 있습니까?

예수님 안에서 생명을 얻는 순간 우리의 영적 본능이 우리에게 교회의 일원이 되어야 한다고 가르치기 때문입니다. 예수 그리스도와 하나님의 말씀, 즉 진리가 우리에게 교회 공동체에 들어가 사랑받고 사랑하기를 권면하며 우리를 인도하기 때문입니다. 진리는 진리 자체로 존재할 수 없습니다. 진리는 반드시 사랑이라는 구체적인 관계로 나타나야 합니다. 교회는 그 사랑이 구체적으로 드러나는 장입니다.

'사랑하지 않아도 된다'는 가르침과 싸우라

요한일서 4장 7-12절을 보겠습니다.

> [7] 사랑하는 자들아 우리가 서로 사랑하자 사랑은 하나님께 속한 것이니 사랑하는 자마다 하나님으로부터 나서 하나님을 알고 [8] 사랑하지 아니하는 자는 하나님을 알지 못하나니 이는 하나님은 사랑이심이라 [9] 하나님의 사랑이 우리에게 이렇게 나타난 바 되었으니 하나님이 자기의 독생자를 세상에 보내심은 그로 말미암아 우리를 살리려 하심이라 [10] 사랑은 여기 있으니 우리가 하나님을 사랑한 것이 아니요 하나님이 우리를 사랑하사 우리 죄를 속하기 위하여 화목제물로 그 아들을 보내셨음이라 [11] 사랑하는 자들아 하나님이 이같이 우리를 사랑하셨은즉 우리도 서로 사랑하는 것이 마땅하도다 [12] 어느 때나 하나님을 본 사람이 없으되 만일 우리가 서로 사랑하면 하나님이 우리 안에 거하시고 그의 사랑이 우리 안에 온전히 이루어지느니라.

요한은 지금 영지주의라는 거짓 가르침에 공격당하는

교회를 향해 글을 쓰고 있습니다. 영지주의의 가르침은 "특별하고 신비로운 지식(또는 체험)이 우리를 구원한다"는 것이 핵심입니다. 신비한 체험으로 얻은 지식을 그노시스, 즉 영지(靈智)라고 부릅니다.

영지주의자들은 교회 안에 들어와 성경 말씀을 배우고 익히는 일반적인 방법으로는 절대 신령한 지식을 얻을 수 없다고 가르칩니다. 일반적인 신앙생활로는 구원에 이를 수 없고, 뭔가 더 신비하고 강력하며 과격한 것이 필요하다고 주장합니다. 예를 들어, 영적 능력자를 찾아가 수행해야 한다는 것입니다. 신비한 깨달음을 얻기 위해서는 일상을 포기한 채 많은 시간과 열심을 내야 한다는 것입니다. 그렇게 해서 깨달은 바는 너무나 놀라워 일상의 언어로 풀 수 없다며 그들은 성도들을 혼란에 빠트립니다.

당시 많은 소아시아 교회들이 영지주의 이단에 무너졌습니다. 영지주의는 교회 공동체를 파괴합니다. 왜일까요? 우리와 함께 신앙생활하는 대부분의 성도들은 이런 방식으로 신비한 지식, 즉 영지를 찾는 것이 불가능하기 때문입니다. 일상을 사는 사람들, 하루하루 밥벌이 하느라 피곤해서 예배당에 와서 꾸벅꾸벅 조는 사람들이 신비한 진리를 알 턱이 없습니다. 그래서 신령한 지혜를 구하는 영지주의의 가르침을 받은 사람들은, 당시 일상을 살아가는 교회 공동체의 구성원들을 귀하게 여기지 않았습니다. 성도들 간에 나누는 사랑을 시간 낭비로 생각했습니다.

오늘날에도 이와 비슷한 일들이 일어나고 있습니다. 많은 이단들이 성경공부를 하자며 성도들을 교회 밖으로 나오라고 합니다. 교회가 절대 풀 수 없는 비밀을 자기네 교주가 다 풀었으니 모임에 참석하라고 합니다. 몇 주만 함께하면 이전에 경험하지 못한 신세계를 보여 주겠다고 약속합니다. 영지, 즉 신비한 지식을 알려 주겠다는 것입니다.

이 얼마나 교만한 생각입니까? 교회 역사가 지난 2천 년간 이어져 왔지만 성경에는 아직 명확하게 해석되지 않은 부분이 있습니다. 대부분이 굳이 알 필요가 없어 보입니다. 아마도 우리 구원에 큰 문제가 되지 않기에 하나님께서 남겨 두신 부분이 아닐까 생각해 봅니다. 우리더러 교만해지지 말라는 뜻도 있을 것입니다.

명확하게 해석되지 않은 부분을 굳이 붙들고 씨름하기 전에 우리가 먼저 배워야 할 것이 있습니다. 바로 사도신경, 주기도문, 십계명입니다. 세례를 받고 교회 구성원이 되기 위해서는 반드시 배워야 하는 복음과 신앙의 기초를 잘 정리하는 일부터 시작하면 됩니다. 사도신경과 주기도문, 십계명을 통해 우리가 무엇을 믿는지, 우리의 정체성이 무엇인지, 어떻게 살아야 하는지를 배웠다면, 그 다음에는 가장 기본적인 교리를 정리한 문답서를 통해 이미 드러난 교리를 배우고 정리하면 됩니다. 우리에게 주어진 하나님의 말씀인 성경을 통독하며 하나님의 뜻을 구하고, 시간을 떼어 말씀을 묵상하는 훈련을 하고, 기회가 될 때마다 암송하면 됩니다.

이단의 가르침이 아니더라도 남들보다 더 많이 아는 성경 지식이나 신학 지식이 교회에서 문제가 될 수도 있습니다. 그 지식으로 다른 성도들을 판단하고 무시할 때 그렇습니다. 아무리 좋은 지식이더라도 교회의 질서를 무너뜨리는 데 쓴다면, 그 역시 영지주의 이단과 다를 게 없습니다. 우리가 진리를 가지게 된 것은, 교회를 세우고 사랑하기 위해서이지 절대로 다른 사람을 판단하고 정죄하기 위해서가 아닙니다.

우리가 진리를 소유한 후에 이웃을 더 많이 사랑하게 되었는지, 공동체를 위해 자신을 내어 주는 일이 더 많아졌는지 꼭 물어야 하는 이유가 여기에 있습니다. 참 진리는 사랑으로 역사합니다. 아무리 아름다운 진리라 해도 그로 인해 공동체가 깨어진다면, 그것은 결코 그리스도가 우리에게 주신 지혜일 수 없습니다.

사랑의 이유 1: 하나님은 사랑이시기에

사도 요한은 이런 상황에 놓인 교회와 그 교회를 섬기는 장로들에게 편지를 씁니다. 영지주의로 인해 교회가 뿔뿔이 흩어지는 모습을 보면서, 서로가 서로를 붙들어 주지 않는 공동체가 되어 가는 모습을 보면서 아파하며 권면합니다. 그는 교회인 우리가 서로 사랑하지 않으면 안 되는 세 가지 이유를 들려줍니다.

첫 번째 이유는, 하나님은 사랑이시기 때문입니다.

> [7] 사랑하는 자들아 우리가 서로 사랑하자 사랑은 하나님께 속한 것이니 사랑하는 자마다 하나님으로부터 나서 하나님을 알고 [8] 사랑하지 아니하는 자는 하나님을 알지 못하나니

이는 하나님은 사랑이심이라(요일 4:7-8).

우리는 서로 사랑해야 합니다. 사랑이 하나님께 속한 것이기 때문입니다. 사랑하지 않는 자는 하나님에게서 나지 않았고, 하나님을 알지도 못합니다. 하나님에게서 났고, 하나님을 아는 사람은 사랑할 수밖에 없습니다. 왜일까요? 하나님은 사랑이시기 때문입니다.

"하나님은 사랑이심이라"는 말씀을 보며 많은 사람들이 사랑은 하나님의 여러 속성 중에 하나일 것이라고 생각합니다. 쉽게 말해, '하나님께 사랑의 속성이 있나 보다. 공의나 그밖에 다른 속성도 많은데, 지금은 사랑을 강조하고 있구나'라고 생각합니다. 그러나 본문이 의도하는 바는 그게 아닙니다. "하나님은 사랑이심이라"는 하나님의 다양한 속성 중에 '사랑도 있다'는 게 아니라, 하나님이 곧 사랑 자체이심을 말합니다.

도대체 무슨 뜻이냐고요? 하나님이 곧 사랑이심을 자녀를 대하는 부모의 마음에 빗대어 설명해 보겠습니다. 보통의 부모라면 자녀를 사랑하고 자녀가 잘되기를 소원합니다. 그렇다고 해서 자녀를 늘 감싸기만 하고 필요한 것을 채워 주기만 하는 건 아닙니다. 자녀를 사랑하기에 자녀에게 화를 낼 때도 있습니다. 경우에 따라 매를 들기도 합니다. 싫다고 하는 곳에 보내기도 하고, 원하지 않는 일을 시키기도 합니다.

현실 속에 드러나는 부모의 모습은 다양할 수밖에 없습니다. 그럼에도 한결 같은 건 바로 자녀를 사랑한다는 것입니다. 상황에 따라 모습이 달라지는 듯 보여도 저변에는 자녀를 사랑하는 마음이 있습니다. 자녀를 향한 '바탕 마음' 말입니다. 하나님도 우리에게 그런 마음을 가지고 계십니다. "하나님은 사랑이심이라"는 "하나님의 바탕 마음은 사랑이다"라는 말과 바꿔 쓸 수 있습니다.

하나님은 우리를 다양한 방식으로 다루십니다. 필요를 채워 주시는가 하면 끊으실 때도 있습니다. 기도를 듣고 응답하시지만 아무리 기도해도 들으시지 않는 것만 같은 때도 있습니다. 우리를 자주 용서하시지만 삶 전체를 치실 때도 있습니다. 하나님의 얼굴은 수없이 많습니다. 늘 웃으며 안아 주시기만 하는 분이 아닙니다.

그러나 무수한 모습에도 하나님의 바탕 마음은 늘 하나입니다. 바로 우리를 향한 '사랑'입니다. 이러한 바탕 마음을 구약성경은 '헤세드'라는 히브리어로, 신약성경은 '아가페'라는 헬라어로 표현합니다. 우리말에서 이것과 가장 가까운 표현은 아마도 '긍휼'일 것입니다. 그래서 사도 요한은 "하나님은 사랑이심이라"고 단언합니다.

성도 여러분, 정말 하나님을 알고 믿고 사랑한다면 하나님 닮기를 소원해야 합니다. 하나님을 닮는다는 것은 그분의 바탕 마음인 '사랑'에 영향을 받는 것입니다. 나 홀로 놀라운 지혜를 깨닫고 높은 곳에서 고상하게 사는 것은, 하나님의 바탕 마음인 사랑과 아무 상관이 없습니다. 하나님을 정말 만났다면 그분의 바탕 마음을 경험했을 테지요. 그렇다면 우리는 또 다른 누군가를 사랑하는 자리로 나아갈 수밖에 없습니다.

사랑의 이유 2: 먼저 사랑받았기에

우리가 서로 사랑해야 하는 두 번째 이유는, 하나님께서 우리를 먼저 사랑하셨기 때문입니다.

⁹ 하나님의 사랑이 우리에게 이렇게 나타난 바 되었으니 하나님이 자기의 독생자를 세상에 보내심은 그로 말미암아 우리를 살리려 하심이라 ¹⁰ 사랑은 여기 있으니 우리가 하나님을 사랑한 것이 아니요 하나님이 우리를 사랑하사 우리 죄를 속하기 위하여 화목 제물로 그 아들을 보내셨음이라 ¹¹ 사랑하는 자들아 하나님이 이같이 우리를 사랑하셨은즉 우리도 서로 사랑하는 것이 마땅하도다(요일 4:9-11).

하나님의 사랑이 나타났습니다. 하나님께서 독생자를 세상에 보내어 우리의 죄를 속하는 화목 제물로 삼으신 것입니다. 하나님의 사랑은 말로만 하는 사랑이 아닙니다. 하나님은 우리를 사랑하는 증거로 사랑하는 독생자를 우리에게 주셨습니다. 하나님의 아들이 우리와 하나님 사이를 화목하게 만드는 제물이 되었습니다.

우리는 종종 하나님께서 정말 나를 사랑하시는지 묻습니다. 풀리지 않는 인생의 문제 앞에서 하나님께 책임을 돌립니다. 건강이 나빠져도 하나님 탓을 하고, 배우자와 문제가 생겨도 왜 결혼할 때 말리지 않았느냐며 하나님을 원망합니다. 돈이 없어도, 취업이 되지 않아도, 자녀가 말을 듣지 않아도 하나님을 원망하며 하나님께서 나를 사랑하시지 않는다고 불평합니다.

그 마음을 충분히 이해합니다. 사실 저도 그렇습니다. 다행히 하나님은 원망을 쏟아 놓는 성도들을 책망하거나 내쫓지 않으십니다. 그렇게라도 하나님 앞에 나오는 것을 기뻐하십니다. 세상 어디서도 원망할 데가 없어 하나님 앞에라도 나와 원망을 늘어 놓는 자녀들의 아픔을 아시기 때문입니다.

하지만 짚고 넘어갈 건 있습니다. 우리 삶에 찾아온 모든 고통의 이유가 정말 하나님께 있는 걸까요? 내가 건강 관리를 잘못해서 문제가 생긴 건 아닐까요? 평소 식사량이나 식단을 조절하지 못하고, 의사의 조언을 따라 운동하지 않은 건 아닐까요? 가족 관계도 그렇습니다. 내가 그동안 가족과 함께하는 시간을 내지 않았기 때문에 지금 고통을 겪는 건 아닐까요? 혹시 까칠한 사춘기 자녀와 대화하기가 힘들어 피하지는 않았나요? 입시가 인생의 전부이니 공부만 잘하면 된다고 은연중에 자녀에게 가르치지는 않았나요?

저는 하나님도 하실 말씀이 많다는 이야기를 하는 겁니

다. 자신을 솔직하게 돌아보면 좋겠습니다. 우리가 죄를 짓고 하나님께 불순종해서 지금 이런 고통을 겪고 있는 건 아닌지 말입니다.

나의 죄를 인정하고 싶지 않아서 남 탓을 하고, 시대와 환경 탓을 하고, 모든 것 뒤에 계시는 하나님 탓을 하는 건 아닙니까? 그렇게라도 자신의 고통을 누군가의 탓으로 돌리고 싶은 마음이 간절하겠지만, 조금만 더 진지하게 생각해 보면 고통의 원인이 상당 부분 자신에게 있음을 알게 될 것입니다. 그럼에도 하나님은 우리의 마음을 아시기에, "그건 네 탓이지"라고 말씀해 봤자 우리가 수긍하지 않을 것을 아시기에, 우리가 쏟아 놓는 원망을 가슴으로 다 받아 내십니다.

하나님은 우리를 사랑하십니다. 그 사랑을 우리에게 이미 완전하게 보여 주셨습니다. 우리를 위해 사랑하는 독생자를 주셨습니다. 아들을 십자가 위에서 찢으셨습니다. 아들의 숨이 끊어지는 것을 보셨습니다. 더욱이 우리가 아직 죄인일 때 그렇게 하셨습니다. 우리가 하나님을 알지도 못하고 사랑하지도 않던 때입니다. 우리가 하나님을 위해 살겠다고 고백하기도 전에, 죄와 사망의 그늘에 있던 그때, 하나님께서 그 사랑을 우리에게 이미 베푸셨습니다. 그래서 사도 바울은 하나님의 사랑을 이렇게 고백합니다.

> 우리가 아직 죄인 되었을 때에 그리스도께서 우리를 위하여 죽으심으로 하나님께서 우리에 대한 자기의 사랑을 확증하셨느니라(롬 5:8).

혹시 '나는 진실한 사랑을 받은 적이 없어, 그런데 왜 내가 누군가를 사랑해야 하지?'라고 생각하는 분이 있습니까? '지금 내 코가 석자야. 누군가를 사랑할 처지가 못 돼'라고 생각하는 분이 있습니까? 지금은 아이를 키우느라 바쁘다, 취업 준비에 집중해야 한다, 빨리 결혼해서 가정을 꾸려야 한다, 집을 사야 한다며 사랑하기를 미루고 있지는 않습니까? 시간과 물질의 여유가 있어야 다른 사람을 사랑할 수 있다고 생각하지는 않습니까?

분명하게 말씀드립니다. 우리가 예수 그리스도의 희생으로 사망에서 생명으로 옮겨진 참 성도라면, 그리스도의 희생과 순교자들의 피 위에 세워진 교회라면, 우리는 이미 다른 누군가를 사랑할 수 있는 사랑을 충분히 받았습니다.

자신의 아들마저 내어 주신 하나님의 사랑이 이미 우리 가운데 부어졌으니 말입니다. 그러니 설령 부족하게 느껴지더라도 우리의 생각과 몸과 시간과 물질을 들여 하나님의 사랑에 반응해야 합니다. 넘치는 사랑을 이미 받았으니 내게 있는 것으로, 내가 할 수 있는 것으로 또 다른 누군가를 사랑해야 합니다.

모든 성도들의 삶에 이미 부어진 하나님의 사랑이 여러분을 강권하기를 원합니다. 그 사랑에 힘입어 다시 사랑하는 자리로 나아가기를 축원합니다.

사랑의 이유 3: 사랑이 우리를 온전하게 하기에

우리가 서로 사랑해야 하는 세 번째 이유는, 사랑할 때 우리가 온전해지기 때문입니다.

> 어느 때나 하나님을 본 사람이 없으되 만일 우리가 서로 사랑하면 하나님이 우리 안에 거하시고 그의 사랑이 우리 안에 온전히 이루어지느니라(요일 4:12).

영지주의자들은 자신들이 하나님을 봤다고 주장하며 일반 성도들과의 차별성을 강조했습니다. 그러나 참 성도는 그런 식으로 하나님을 보지 않는다고 요한은 말합니다. 하나님은 눈에 보이는 형상이 없으십니다. 아무도 육신의 눈으로 하나님을 볼 수 없습니다. 그렇다면 우리는 어떻게 하나님을 볼 수 있고, 다른 사람들에게 하나님을 보여 줄 수 있을까요? 그런 방법이 있기는 한 걸까요?

요한은 하나님의 바탕 마음인 '사랑'을 누리는 성도가, 그에 대한 반응으로 다른 사람을 사랑할 때, 그 성도를 통해 세상이 하나님을 볼 수 있다고 말합니다. 영지주의자들이 주장하듯 어떤 신비한 수행을 해야 하나님을 볼 수 있는 게 아니라, 하나님의 사랑으로 변화된 성도와 그가 사랑으로 행한 것을 통해 하나님을 볼 수 있다는 설명입니다.

우리가 어떤 사람들이었습니까? 과연 내게 아무 이익이 안 될 남에게 내 것을 내어 주며 사랑할 수 있는 사람들이었습니까? 적어도 저는 아니었습니다. 저는 기본적으로 이기적이었습니다. 작은 손해도 받아들이기가 어려운 사람이었습니다. 그런 제가 예수님을 믿고 그분의 큰 사랑을 받았음을 알고 나서, 원래 제 성향과는 너무나 다른 사랑의 나눔을 할 수 있게 되었습니다. 하나님의 사랑에 감격하여 사랑을 행하는 다른 성도의 모습 속에서 하나님을 보았습니다. 제 아들을 보면 제가 보입니다. 자식은 부모의 거울이라지요. 사랑을 행하는 성도의 모습 속에서 우리는 사랑이신 하나님을 보고 만납니다.

대개 우리는 내가 가진 것으로 다른 사람의 필요를 채우는 것을 사랑이라고 생각합니다. 그래서 누군가를 사랑하기 전에 내가 무엇을 얼마나 가지고 있는지 계산합니다. 무턱대고 내 것을 내어 주었다가 막상 내게 필요한 것마저 바닥날까 봐 두려워하기 때문입니다.

그런데 요한은 뭐라고 말합니까? 하나님께서 주신 사랑으로 누군가를 사랑하면, 내 안의 사랑이 줄어드는 게 아니라 더 많아지고 풍성해지며 완전해진다고 말합니다. 하나님의 사랑이 우리를 성숙시키고 온전하게 하며 강하게 만들 거라고 약속합니다. 그러니 두려워하지 말고 사랑의 자리로 나아가라고 명령합니다.

> 사랑하지 아니하는 자는 하나님을 알지 못하나니 이는 하나님은 사랑이심이라(요일 4:8).

조금 더 사랑의 자리로 나아오십시오. 사랑하기 시작하면 분명 상처를 받을 것입니다. 완전하지 않은 이 땅의 교회 공동체는 사랑하기에 너무 힘든 사람들로 가득합니다. 그들을 사랑하자면 마음이 아주 어려워질 수도 있습니다. 그때마다 이런저런 후회를 하게 될 것입니다.

그럼에도 여러분, 다시 사랑하는 자리로 나아오십시오. 다시 자기를 내어 주어 상대방을 채우는 사랑을 하십시오. 거기서 우리는 우리를 사랑하기 위해 먼저 와 계신 주님을 만날 것입니다.

하나님을 보고자 한다면 사랑이신 그분을 닮아야 합니다. 하나님께서 우리를 먼저 사랑하셨음을 기억하십시오. 하나님은 이미 그분의 아들을 통해 그 사랑을 증명하셨습니다. 사랑하겠다는 결단이 흔들릴 때마다 하나님의 사랑을 증명하는 십자가를 바라보십시오. 하나님께 사랑의 빚을 진 우리가 이 땅에서 그 빚을 어떻게 갚아야 할지 물으십시오.

우리가 사랑을 온전하게 만드는 것이 아닙니다. 사랑이 우리를 온전하게 만듭니다. 우리의 모든 미성숙을 성숙으로 바꾸는 것이 사랑입니다. 그러니 아프고 상하더라도 사랑하기를 포기하지 마십시오. 아픈 사랑 속에서 우리가 자라 가고 있음을 확신하십시오. 힘든 사랑의 시간을 지나며 우리가 성숙해질 것을 확신하십시오.

주님의 사랑을 알고 그 사랑에 감격하여 사랑을 행하는 우리 성도와 교회가 되기를 간절히 꿈꿉니다. 그 사랑이 우리 교회 앞에 세운 표지판이 되기를 소원합니다.

나눔과 적용

1. "하나님은 사랑이심이라"(요일 4:8)는 말을 들으면 어떤 생각이 듭니까? 이 진리를 개인적으로 경험한 적이 있다면 나누어 봅시다.

2. 사도 요한은 몸된 교회인 우리가 서로 사랑하지 않으면 안 되는 세 가지 이유를 듭니다. 무엇입니까?(요일 4:7-12)

3. 영지주의란 무엇입니까?(79-81쪽 참조) 나 자신이나 내가 속한 공동체에서 혹시 영지주의적(이분법적)인 생각이나 태도를 발견했다면 나누어 봅시다. 또, 우리의 성경 지식이나 신학 지식이 잘못 사용되어 교회에서 문제가 된 적은 없는지 돌아봅시다.

4. 하나님의 사랑은 우리를 어떻게 온전하게 만듭니까?(요일 4:12, 91-93쪽 참조)

4
눈에 보이는 사랑으로 서로 사랑하라

진리는 열매로 나타난다

은퇴가 얼마 남지 않은 노 목사님이 섬기는 교회에서 일어난 일입니다. 어느 평범한 주일, 목사님은 평소처럼 강단에 올라가 성경 본문을 읽고 말씀을 전하기 시작했습니다. 앉아 있던 성도 몇몇이 고개를 갸우뚱합니다. 설교가 이어지면서 더 많은 성도들이 당황한 표정으로 목사님을 쳐다봅니다. 성도들의 분위기가 여느 때와 다른 것을 분명 알아차렸을 텐데도, 목사님은 아무런 내색도 하지 않고 설교를 마치고 목양실로 갔습니다.

성도들이 당황했던 이유는, 목사님의 설교가 지난 주 설교와 글자 하나 다르지 않고 똑같았기 때문입니다. 선임 장로님이 목양실로 따라 들어가 목사님에게 그 사실을 조심스럽게 이야기했습니다. 그러자 목사님은 소탈하게 웃으며 "아, 그랬나요? 죄송합니다"라고 대답했습니다. 장로님은 예배당에서 기다리고 있는 성도들에게 돌아와 "목사님도 사람인데 그런 실수를 할 때도 있지요"라며 술렁이는 그들을 다독였습니다.

한 주가 지났습니다. 목사님이 강단에 올라가 성경 본문을 읽습니다. 이번에도 지난주와 똑같은 본문입니다. 설교가 시작되었습니다. 서론부터 결론까지 지난 두 주 동안 들었던 바로 그 설교입니다. 성도들은 너무나 놀랐습니다. 목사님과 오랜 시간 함께했던 나이든 권사님들 중에는 눈시울을 적시는 이도 있었습니다. '우리 목사님에게 치매가 왔구나. 이제 더 이상 사역을 하실 수 없겠구나'라고 생각했기 때문입니다. 목사님은 청중의 술렁이는 반응에도 전혀 흔들림 없이 설교를 마쳤고, 축도로 예배가 끝났습니다.

그런데 그날 목사님은 평소처럼 목양실로 향하지 않고 강단에 계속 서 있었습니다. 목사님은 꺼진 마이크를 다시

켜고 이렇게 말했습니다. "성도 여러분, 저는 오늘까지 세 번이나 똑같은 주일 설교를 했습니다. 같은 설교를 세 번이나 반복한 것은, 제가 한 설교가 우리 성도들의 삶에 아무 영향도 미치지 못하는 것 같기 때문입니다. 사역을 마무리해야 하는 요즘, 제가 평생 했던 설교가 우리 성도들의 삶에 어떤 의미가 있었을까 하는 질문이 마음에서 떠나지 않습니다. 여러분, 마지막으로 권면합니다. 주님의 말씀을 듣기만 하지 말고 그 말씀에 순종하십시오. 오늘 주신 말씀에 합당한 열매를 맺으십시오." 그날 설교 제목은 "서로 사랑하라!"였습니다.

이제 우리가 함께 살펴볼 사도행전 2장 말씀에는 무너져 가는 한국 교회를 향한 하나님의 아픈 마음이 담겨 있습니다. 또 거대한 세상의 공격 속에서 교회를 지켜 내는 비결도 담겨 있습니다. 이 말씀은 2천 년 전 예루살렘에 생긴 작은 공동체의 특별한 모습을 기록하고 있지만, 동시에 오늘을 사는 이 땅의 교회가 반드시 회복해야 할 모습이기도 합니다.

사도행전 1장과 2장은 초대교회가 어떻게 세워졌는지를 다루고 있습니다. 교회의 원형이 어떤 모습이었는지도 밝힙니다. 성경이 기록하고 있는 초대교회는 하나의 가족입니다. 교회는 건물도 아니고 조직도 아닌 영적 가족입니다. 교회에는 구경꾼도, 손님도 없습니다. 모두가 가족이고 모두가 주인입니다. 서로가 서로의 삶에 적극적으로 간섭하고 서로를 지키고 돕습니다.

반드시 사랑해야 한다

앞에서 요한일서를 보며 우리가 사랑해야 하는 세 가지 이유를 살펴봤습니다. 첫째, 하나님이 사랑이시기 때문입니다. 하나님의 자녀인 우리가 하나님을 닮는 것이 마땅합니다. 하나님의 자녀인 우리는 하나님처럼 사랑해야 합니다.

둘째, 하나님께서 우리를 먼저 사랑하셨기 때문입니다. 사랑받을 자격이 없는 나를 그냥 사랑해 주셨습니다. 그 사랑을 위해 가장 소중한 독생자 아들을 내어 주셨습니다. 우리는 너무나 큰 사랑의 빚을 졌습니다. 그 빚을 갚는 유일한 방법은, 우리도 다른 사람을 사랑하는 것입니다.

셋째, 참된 사랑은 사랑하는 사람을 온전하게 만들기 때문입니다. 누군가를 사랑하면 분명 자기를 내어 주어야 하고 소진됩니다. 사랑 때문에 아프고 힘들고 상처받기도 합니다. 그런데 참 사랑은 그러한 수고 속에서 점점 더 온전하고 풍성해집니다. 우리가 그리스도와 하나님 말씀, 즉 진리 위에 세워진 교회라면, 하나님의 사랑을 본받아 사랑하며 살아야 합니다.

> 사랑하지 아니하는 자는 하나님을 알지 못하나니 이는 하나님은 사랑이심이라(요일 4:8).

사랑하지 않는 자는 하나님을 모릅니다. 사랑하지 않는 자는 하나님을 믿지 않습니다. 사랑하지 않는 자는 구원받지 않았습니다. 사랑하지 않는 자는 영원한 생명이 없습니다. 사랑하지 않는 자는 아무것도 아닙니다. 왜일까요? 하나님이 사랑이시기 때문입니다. 사랑이신 하나님과 관계 맺고 있는 자에게서 사랑이 나타나지 않을 수 없는 까닭입니다.

지난 한 주간 사랑하며 살았습니까? 사랑을 위해 수고했습니까? 다시 상처받기로 결단했습니까? 다시 상처받더라도 주님의 몸인 교회 공동체 속으로 더 깊이 들어가 보셨습니까?

교회는 여전할 것입니다. 한 주가 지났다고 해서 달라질 게 없습니다. 교회 속으로 들어가 사랑하기를 선택할 때, 우리가 생각하는 그 일, '상처받는' 일이 또 생길 것입니다. 적당한 거리를 두고 관람석에 앉아 종교생활을 하는 것이 속 편할 테지요. 이른바 똑똑한 사람들의 지혜로운 선택일 것입니다. 그러나 관람석은 하나님의 사랑을 받는 우리가 있을 자리가 아닙니다.

언젠가 하나님께서 우리를 영원한 나라로 부르실 때, 우리는 하나님의 보좌 우편에 앉을 것입니다. 거기가 우리가 앉게 될 진짜 관람석입니다. 그 자리에 앉아 우리는 이 땅에 거하는 하나님의 사람들이 사랑하기 어려운 서로를 어떻게 사랑하는지 보며 응원할 것입니다. 그런 날이 반드시 옵니다. 그러나 호흡이 남아 있는 지금은 아직 아닙니다. 우리의 싸움은 아직 끝나지 않았고, 우리의 경기를 마치는 호루라기가 울리지 않았습니다. 우리는 지금 이 땅에서 '서로 사랑'이라는 경주를 이어 가야 합니다.

교회의 네 가지 표지

오순절에 성령님께서 임하셨고, 성령에 감동한 제자들이 복음을 전했습니다(행 2:1-13). 복음을 들은 사람들 중 일부가 제자들에게 무슨 일이 일어난 것이냐고 물었습니다. 이에 베드로가 설교를 했고, 그날 3천 명이 예수님을 믿겠다며 교회 공동체에 들어왔습니다.

> 그 말을 받은 사람들은 세례를 받으매 이날에 신도의 수가 삼천이나 더하더라(행 2:41).

정말이지 놀라운 하나님의 역사이며 대단히 감격스러운 사건입니다. 이 땅의 모든 교회가 꿈꾸는 성령의 일하심입니다. 어제까지만 해도 120명의 성도들이 모여 말씀을 나누고 기도를 했습니다. 그런 교회가 단 하루 만에 3천 명의 새 신자를 맞이한 것입니다.

엄청난 부흥입니다. 그러나 조금만 관점을 달리하여 보면 심각한 위기이기도 합니다. 복음을 잘 알지 못하는 사람들, 교회 공동체가 뭔지 모르는 사람들이 단기간에 너무 많이 교회에 밀려왔기 때문입니다. 그것은 이제 막 시작된 교회에 치명적일 수 있습니다. 자칫 정체성을 잃어버릴 위험이 있기 때문입니다.

초대교회는 급격하게 구성원이 늘자 대책을 세워야 했습니다. 무엇보다 교회의 정체성을 분명히 해야 했습니다. 그래서 가장 중요한 몇 가지에 집중했는데, 그것이 사도행전 2장 42절에 압축적으로 표현되어 있습니다.

그들이 사도의 가르침을 받아 서로 교제하고 떡을 떼며 오로지 기도하기를 힘쓰니라.

초대교회는 가르침, 서로 교제(나눔), 떡을 뗌(성찬), 기도에 집중합니다. 다른 좋은 일도 많지만 부수적인 데 힘을 쓸 여력이 없습니다. 그들은 가장 중요하다고 생각하는 이 네 가지에 모든 역량을 쏟습니다. 덕분에 교회는 위기를 지나 견고하게 자리 잡습니다. 후대에 신학자들은 이것을 "교회의 네 가지 표지" 또는 "예배의 네 기둥"이라고 불렀습니다. 교회를 가리켜 교회라고 말할 수 있는 기준이 생긴 것입니다.

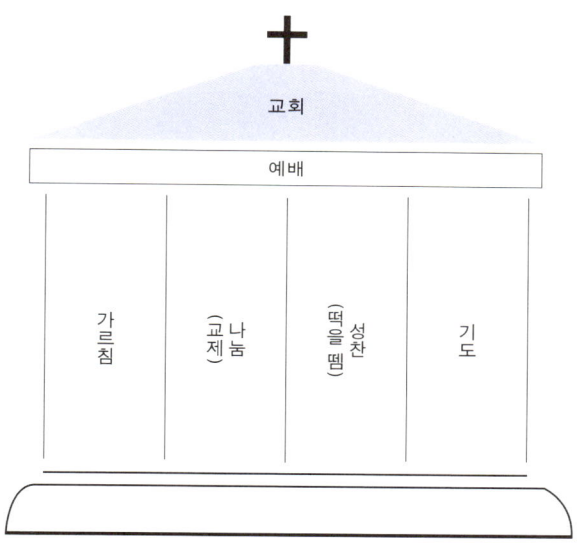

[교회의 네 가지 표지 / 예배의 네 기둥]

우선, '사도의 가르침'이란 사도들이 경험한 예수님에 관한 가르침을 말합니다. 초대교회 사람들 대부분은 예수님을 직접 만난 적이 없기 때문에 예수님의 사역과 죽으심과 부활에 관해 배워야 했습니다. 사도들은 예수님의 설교들을 정리하여 그들에게 들려주었을 것입니다. 그들은 자신들이 만난 예수님, 구약에 예언된 예수님에 대해 열심히 가르쳤습니다. 교회는 처음부터 예수님을 가르치는 곳이었습니다.

다음으로, '서로 교제한다'에서 교제는 '코이노니아'를 말합니다. 이는 단순히 둘러앉아 잡담하며 시간 보내는 것을 의미하지 않습니다. 코이노니아는 '공유하다, 서로 나누다, 동반자가 되다'라는 의미를 갖습니다. 무언가를 서로 나누는 것입니다. 내가 가지고 있는 계획, 마음, 시간, 물질을 구체적으로 나누는 것입니다. 다른 사람들의 필요를 채우기 위해 나의 소유를 내어 주는 것입니다. 소유에는 재능이나 지식도 포함됩니다. 서로의 삶 속으로 들어가 동반자가 되는 것, 다시 말해 가족이 되는 것을 성경은 '코이노니아'로 보여 줍니다. 교회는 서로의 필요를 채우는 곳입니다.

세 번째로, '떡을 뗀다'는 것은 두 가지 해석이 가능합니다. 그들이 '함께 식사하는 모임을 가졌다'는 것과 '성찬을 나누었다'는 해석입니다. 저는 이 둘을 굳이 나눌 필요가 없다고 생각합니다. 그들은 함께하는 자리에서 반복하여 떡을 주님의 몸으로, 포도주를 주님의 피로 고백하고 감사와 찬양을 드리며 식사를 했을 테니까요. 성찬은 우리를 위해 죽으신 예수 그리스도의 몸과 피를 기념하는 의식입니다. 떡과 포도주를 통해 그리스도의 몸과 피를 먹고 마신다는 것은, 그리스도와 우리가 분리될 수 없는 '하나'가 된 것을 의미합니다. 우리와 그리스도가 하나 될 때, 그리스도 안에서 우리 성도들도 서로 하나가 됩니다.

성찬은 그저 멋지고 신령해 보이는 종교 의식이 아닙니다. 성찬은 나를 위해 죽으신 예수님을 바라보는 시간입니다. 우리가 주님 안에 있음을 고백하는 시간입니다. 함께 떡을 뗄 때마다 주님을 생각하고 바라보는 것입니다. 내 옆에 있는 사람이 그리스도의 희생 안에서 내 형제이고 자매임을 확인하는 것입니다.

마지막으로, '힘써 기도한다'입니다. 초대교회는 기도하는 중에 태어났습니다. 성령님께서 기도 중에 임하셨습니다. 성령님은 성도로 하여금 기도하게 하시는 분입니다. 그러므로 교회는 기도하는 사람들의 모임입니다.

초대교회에서 기존의 성도들은 급격히 늘어난 어린 신자들에게 기도를 가르쳐야 했습니다. 기도는 강의로 배울 수 있는 과목이 아닙니다. 기도는 기도하는 사람과 함께 기도하면서 배우는 것입니다. 기도의 깊이를 아는 신자가 어린 신자 옆에서 함께 기도하고, 그를 위해 기도해 주었습니다. 그들은 그렇게 기도를 가르치고 배웠습니다.

우리가 힘써 기도하는 교회가 될 때 어떤 일이 일어날까요? 네, 하나님께서 일하십니다. 교회는 세상에 없는 하나님의 능력을 덧입고, 교회 안에 위대한 역사가 끊이지 않을 것입니다.

참된 교회에는 가르침, 나눔, 성찬, 기도, 이 네 가지 표지가 있어야 합니다. 이 표지를 보면 교회의 건강성을 알 수 있습니다. 네 가지 표지는 독립되어 있는 것 같지만 사실은 연결되어 있습니다. 바른 가르침이 온전한 교제를 만들고, 바른 교제가 충만할 때 거기서 성찬과 기도가 나옵니다. 그중 어느 하나를 포기하면 나머지 셋도 무너지고 맙니다. 초대교회가 붙든 네 가지 표지로 우리 삶이, 우리 교회가 어떠한 상태인지 점검해야 합니다. 혹여 무너진 영역이 있다면 속히 회복을 구하시기 바랍니다.

세상이 이해하지 못한 교회의 표지, 나눔

사도행전 2장 43-47절은 초대교회가 교회의 네 가지 표지를 붙들었을 때 일어난 일들을 기록하고 있습니다. 말씀과 함께 기적과 표적이 나타났습니다. 그것을 보고 세상 사람들이 교회 공동체를 두려워하는 마음을 가졌습니다. 교회 구성원들이 자기 것을 다른 구성원들과 기쁘게 나누었고, 재정이 어려운 이들을 적극적으로 도왔습니다. 날마다 성전에 모여 함께 말씀을 듣고, 집에 가서 떡을 떼며 교제하고, 하나님을 찬미했습니다. 그래서 교회가 온 백성에게 칭송을 받았습니다. 이 모든 것이 초대교회가 아름답게 세워져 가는 모습입니다.

그런데 여기에서 누가가 특별히 강조하는 부분이 있습니다. 교회의 두 번째 표지 '교제'(코이노니아)입니다. 누가는 초대교회가 어떻게 교제했는지 구체적으로 기술합니다.

> [44] 믿는 사람이 다 함께 있어 모든 물건을 서로 통용하고 [45] 또 재산과 소유를 팔아 각 사람의 필요를 따라 나눠 주며 (행 2:44-45).

2장의 내용이 4장에서도 반복되고 있습니다. 초대교회가 힘 있게 일어나는 장면, 교회가 함께 기도하고 성령 충만해져서 하나님의 말씀이 선포되던 바로 그때 일어난 놀라운 현상에 대한 기록입니다.

> [32] 믿는 무리가 한마음과 한 뜻이 되어 모든 물건을 서로 통용하고 자기 재물을 조금이라도 자기 것이라 하는 이가 하나도 없더라 [33] 사도들이 큰 권능으로 주 예수의 부활을 증언하니 무리가 큰 은혜를 받아 [34] 그중에 가난한 사람이 없으니 이는 밭과 집 있는 자는 팔아 그 판 것의 값을 가져다가 [35] 사도들의 발 앞에 두매 그들이 각 사람의 필요를 따라 나누어 줌이라(행 4:32-35).

이 부분을 관심 있게 봐야 하는 이유는, 이 사건이 초대교회의 모습 중에서 세상과 가장 강력하게 구별되기 때문입니다. 믿는 자들이 자신의 물건을 다른 사람들과 나누어 쓰고 있습니다. 자기 재산과 소유를 팔아서 다른 성도들의 어려운 상황을 돕고 있습니다. 어떻게 이런 일이 가능할까요?

일단 그들은 '다 함께' 있습니다. 자기 물건을 모두 함께 사용합니다. 자기 재산을 팔아 각 사람의 필요를 채우며 나눔을 실천합니다. 마음을 같이하여 성전에 모이고, 집에서 떡을 떼며 기쁘게 식사를 합니다. 그들은 영적 가족이었습니다. 그들은 모두 그리스도 예수를 믿음으로 하나님의 자녀로 입양되었습니다. 그들은 서로를 형제, 자매라고 부르기 시작합니다. 그것은 그냥 듣기 좋으라고 부르는 호칭이 아니라 실제로 바뀐 그들의 삶을 반증하는 이름입니다.

사랑은 눈에 보이지 않는 막연한 그 무엇이 아닙니다. 사랑은 결코 추상적이지 않습니다. 사랑은 눈에 보이는 것이고, 반드시 행동으로 나타납니다. 성령님께서 강력하게 임하신 오순절 하루에 3천 명의 새 신자가 태어났습니다. 갓 태어난 그 생명은 누군가의 전폭적인 돌봄이 필요했습니다. 이에 이미 예수님의 가르침을 받은 사람들, 즉 얼마 되지 않는 기존의 신자들이 갑자기 밀려온 새 신자들을 돌보기 위해 자기 것을 내어 놓았습니다.

생명이 생명을 낳습니다. 생명이 생명다워지려면 반드시 또 다른 생명이 필요합니다. 부모가 자신의 생명을 부을 때 자녀의 생명이 온전해집니다. 초대교회는 자기 소유를 나눔으로 사랑을 표현했습니다. 그것이 '코이노니아'입니다. 우리가 배워야 할 것은 바로 이것입니다. 초대교회는 예수님을 사랑할 뿐 아니라 예수님께서 사랑하시는 교회, 즉 성도를 사랑했고, 기꺼이 자기 소유를 나누는 것으로 그 사랑을 표현했습니다. 그들은 보이는 사랑으로 서로를 사랑했습니다. 그것이 세상과 교회 공동체를 극명하게 구분 짓는 표지입니다.

나눔이 가능한 이유, 가족

이런 나눔이 가능한 건, 그들이 예수 그리스도와 하나님의 말씀, 즉 진리를 정확하게 붙들었기 때문이라고 저는 확신합니다. 참 진리를 만난 참 성도는 눈에 보이는 소유로 자신의 정체성을 확인하지 않습니다. 소유가 전부라고 말하는 세상의 법칙이 그들에게 통하지 않습니다. 하나님의 바탕 마음인 무조건적인 사랑을 경험한 그들은 가만히 있을 수 없습니다. 언젠가 썩을 것을 내어 주고 영원한 것을 사고 싶은 마음이 그들에게 부어집니다. 그들은 눈에 보이는 사랑을 선택합니다. 자기 소유를 나누는 것은 어쩌면 그들에게 가장 쉽고 당연한 일인지도 모릅니다. 그들은 자신의 소유를 나눔으로 형제 사랑을 증명합니다.

교회를 '영적 가족'이라고 부르는 것은 수사학적 표현이 아닙니다. 그들은 서로를 진짜 가족으로 여겼습니다. 아무도 자기 소유를 팔아 형제자매의 필요를 채우라고 강요하지 않습니다. 자선을 독려하는 설교도, 캠페인도 없습니다. 그들은 다만 가족을 위해 자기 것을 스스로 내어 놓습니다. 누가 먼저 시작했는지도 모르고, 많이 냈다고 생색내지도 않습니다. 가족이기 때문입니다.

먹을 게 없어 배고픈 저 사람이 내 동생이고, 돈이 떨어져 잘 곳 없는 저 사람이 내 형이란 말입니다. 낡고 찢어진 옷을 입은 저 아이가 내 조카이고, 한눈에 봐도 병든 저 어르신이 내 아버지이고 어머니란 말입니다. 진짜 내 가족 말입니다. 그래서 그냥 내 것을 나누는 것입니다. 복잡하고 심오한 게 아닙니다. 오히려 아무것도 나누지 않는 것이 이상합니다.

지난 수요일, 우리 교회 안수집사인 김용구 성도님이 하나님의 부르심을 받았습니다. 희귀한 근육병으로 오랜 세월 편찮았던 그분은 최근 몇 달 동안 급격히 체력이 떨어져 교회에 나오시지도 못했습니다.

저는 김용구 집사님이 참 좋았습니다. 제가 설교할 때 우리 교회에서 가장 크게 "아멘!" 하고 외쳐 주시는 분이니까요. 김 집사님이 돌아가셨다고 말하자 열두 살짜리 아들이 묻습니다. "아, 몸 아프시고 아멘 크게 하시는 집사님이요?" 이어서 말합니다. "우리 교회에 아멘 하시는 분이 다섯 명밖에 없는데, 그중에 가장 크게 하셨던 집사님이 이제 안 계시니 아빠가 힘들겠네요."

아들의 말이 정확합니다. 김 집사님은 제게 큰 힘이었습니다. 우리 교회에 정말 소중한 분이었습니다. 집사님은 자신이 할 수 있는 최선으로 예배를 섬겼습니다. 자신에게 있는 것으로 자신이 받은 사랑을 표현했습니다.

집사님이 월요일에 입원했다는 연락을 받았습니다. 평소 입원이 잦은 집사님은 전화로 일상적인 기도 부탁을 하셨습니다. 전화를 끊고 나니 문득 이번에는 찾아가 뵈어야겠다는 생각이 들었습니다. 그것도 당장 가서 뵙고 싶었습니다. 옷을 주섬주섬 챙겨 입고 집사님을 만나러 갔습니다. 집사님은 평소와 별로 다르지 않은 모습이었습니다. 우리는 함께 천국의 소망을 이야기했고, 오랫동안 성도들을 만나지 못한 아쉬움을 나누었습니다.

심방을 마치고 병실을 나오려다가 문득 집사님과 함께 사진을 찍고 싶었습니다. 병상의 중환자와 사진을 찍은 적이 한 번도 없는데 이번에는 달랐습니다. "성도들에게 안부를 전하는 사진이니 웃으세요" 하고 누워 계신 집사님과 셀카를 찍었습니다. 그리고 집사님은 이틀 후 하나님의 부르심을 받았습니다. 집사님이 이 땅에서 마지막으로 남긴 사진에는 우리 성도들을 향한 환한 웃음이 담겨 있습니다.

우리 하나님께서 김 집사님의 소원을 아셨습니다. 사랑하는 영적 가족들의 얼굴을 직접 보며 인사할 기회가 없음을 아셨기에, 그날 아침에 저를 병원으로 불러 집사님과 사진을 찍게 하셨습니다. 부고를 전할 때 김 집사님이 누구인지 궁금해 할 성도들에게 보여 줄 사진을 준비하게 하셨습니다. 예배 시간마다 누가 그렇게 크고 확신에 찬 목소리로 "아멘"을 외쳤는지 모두가 알게 하셨습니다. 집사님이 사랑하는 성도들에게 환한 미소로 인사할 수 있게 배려하셨습니다. 집사님이 얼마나 교회를 사랑하는지 아시기에 이렇게라도 인사할 수 있게 하신 것입니다. 덕분에 우리 교회 성도들은 환하게 웃으시는 집사님의 마지막 얼굴을 볼 수 있었습니다. 그 환한 미소에서 집사님이 보고 있는 영원한 나라, 다시는 아픔이 없는 나라를 보았습니다.

김 집사님은 자신에게 있는 전부로 사랑하는 영적 가족, 교회 공동체를 섬겼습니다. "아멘"은 그분이 할 수 있는 최선이었고, 그 섬김으로 교회는 더 풍성해졌습니다. 이 땅에서 집사님의 시간이 다해 갈 때, 하나님께서 작은 이벤트를 준비해 주셨습니다. 김 집사님과 우리가 영적 가족임을 확인할 수 있는 이벤트 말입니다. 교회는 그리스도 예수 안에서 사랑하고 사랑받는 영적 가족임을 다시금 생각하게 하는 시간이었습니다.

우리 가운데 혹시 공연을 관람하듯 예배드리는 분이 있습니까? 교회에서 입은 이런저런 상처 때문에 공동체에 깊숙이 들어가지 못하고 예배만 드리는 분이 있습니까? 주일예배를 열심히 드리고 나서는, 누구와도 눈을 마주치지 않기 위해 마지막 축도 시간에 얼른 예배당을 빠져나오며 가슴을 쓸어내리는 분이 있습니까?

그건 교회가 아닙니다. 어쩌면 그건 예배도 아닐 수 있습니다. 우리 주님이 만드신 교회는 그런 것이 아닙니다. 교회의 표지 중 하나인 교제, 즉 사랑의 나눔이 빠진 곳에서 드리는 예배로는 절대 예수님을 닮아 갈 수 없습니다. 교회는 말씀에 반응하여 '내게 있는 것'으로 사랑하는 곳입니다. 그 사랑의 일차 대상은 주님 안에 있는 다른 성도들입니다.

각 사람의 마음에 영적 가족 됨이 회복되기를 바랍니다. 내 옆에 있는 성도들을 사랑하고 사랑의 섬김과 나눔이 자연스럽게 일어나는 교회가 되기를 소원합니다. 약한 자, 상한 자, 부족한 자가 함께 있어 채워지는 교회가 되기를 축원합니다.

보이는 사랑이 넘쳐나는 교회

> 하나님을 찬미하며 또 온 백성에게 칭송을 받으니 주께서 구원받는 사람을 날마다 더하게 하시니라(행 2:47).

초대교회는 세상과 확연히 달랐습니다. 그들은 자기에게 있는 것으로 형제자매를 섬겼습니다. 형제자매의 필요를 채우기 위해 자기 것을 적극적으로 내어 놓았습니다.

기적, 중요합니다. 그런데 우리가 수고해서 번 돈으로 피 한 방울 섞이지 않은 사람들을 즐거이 먹이고 입히는 것, 다른 사람의 필요를 채우기 위해 우리의 힘과 능력과 시간을 기쁘게 사용하는 것이 바로 기적이 아닐까요?

우리는 본능적으로 돈을 사랑합니다. 내 것부터 챙기는 이기주의자입니다. 어디서 배우지 않았는데도 유익이 될 만한 사람은 웃음으로 대하고, 그렇지 않을 것 같은 사람은 무시합니다. 그러나 성령으로 태어난 공동체는 다릅니다. 세상은 교회에서 자신들에게 없는 것을 보았습니다. 풍성한 나눔과 넘치는 교제를 보았습니다. 세상은 서로 사랑하는 새로운 공동체를 보며 감탄했습니다. 세상 어디에도 없는 그 공동체의 일원이 되고 싶어 했습니다. 그래서 교회로 몰려든 것입니다. 초대교회가 폭발적으로 수적 성장을 한 이유 중 하나가, 바로 '교제'에 있습니다.

저는 우리 교회가 엄청나게 유명한 교회가 되지 않아도 좋습니다. 우리 교회의 프로그램이 한국 교회에 귀감이 되고 싶은 마음도 없고 그럴 능력도 없습니다. 모든 교회가 유명해질 수 없고, 그럴 필요도 없습니다. 어떤 교회는 성장하겠고, 어떤 교회는 조금씩 약해질 수 있겠지요. 그런 외적인 것이 교회의 양상일 수는 있어도 본질은 아닙니다.

교회의 본질은 성도의 풍성한 교제입니다. 사랑의 나눔과 섬김은, 있어도 되고 없어도 되는 선택의 문제가 아닙니다. 교회의 영적 가족이라면 반드시 사랑의 섬김과 수고를 감수해야 합니다. 자신을 나누어 주는 것입니다. 서로를 나눌 때 우리는 세상이 동경하는, 세상 어디에도 없는 공동체를 만들어 갑니다.

우리 교회만 봐도 그렇습니다. 하나님께서 이미 우리를 그렇게 '사랑하는 자'로 만들어 가고 계십니다. 교회 안에 사랑하고 섬기며 나누는 이야기가 점점 더 많아지고 있습니다. 일일이 소개할 수 없을 만큼 아름다운 사람들이 많습니다. 눈물 나게 감사한 이야기의 주인공들이 있습니다. 하나같이 자신의 이름을 드러내려 하지 않습니다. 왜일까요? 세상이 보기에 특별한 그 일들이 주님 안에서는 전혀 특별한 일이 아님을 알기 때문입니다. 이것이 기적입니다.

저마다 자기 배를 위해 살아가는 이 시대에 여러분은 참된 나눔을 실천하기 바랍니다. 나를 내어 주어 남을 살리는 복된 삶을 살기 바랍니다. 우리를 위해 자신을 다 내어 주신 주님을 닮아 가기 바랍니다. 조금씩 나를 부인하여 남을 살리는 이야기가 우리 가운데 나날이 늘어나고 흘러넘치는 교회가 되기를 소원합니다. 마지막 때에 주님이 우리의 수고를 알아보고 칭찬해 주시는 교회가 되기를 축원합니다.

나눔과 적용

1. 사도행전 2장 42절에 나오는 초대교회의 중요한 네 가지 특징은 무엇입니까? 각각의 표지들에 대해 간단히 정리해 봅시다.

2. 위의 네 가지 표지는 교회의 건강성을 나타냅니다. 그중 우리 교회에서 가장 두드러지는 표지는 무엇입니까? 네 가지 표지를 기준으로 보면, 우리 교회는 얼마나 건강합니까?

3. 교회 안으로 더 깊이 들어가 사랑을 실천하고 싶지만 자꾸 주저하게 되는 어떤 이유가 있습니까? 있다면, 어떻게 극복할 수 있는지 함께 이야기를 나누어 봅시다.

4. 몸 된 교회의 지체로서 내가 속한 교회와 성도들을 어떻게 사랑하며 섬길 수 있는지 구체적인 방법을 생각해 봅시다.

5
세상 속에서 교회로 사랑하라

세상에 대한 교회의 책임

교회는 예수 그리스도와 하나님의 말씀을 모든 가르침과 사역의 중심에 두어야 합니다. 이 진리는 반드시 구체적인 사랑의 열매로 나타나야 합니다. 하나님이 사랑이시기에 우리는 사랑해야 합니다. 또한 다른 누군가를 사랑함으로 우리가 하나님의 사랑을 받고 있음을 증명해야 합니다. 사랑에는 우선순위가 있습니다. 첫째는 하나님을 향한 사랑이고, 둘째는 그리스도의 몸인 성도들을 향한 사랑입니다. 셋째는 세상을 향한 사랑입니다. 이 장에서는 세상을 향한 사랑에 대해 살펴보겠습니다.

우리가 익숙하게 부르는 찬양 중에 기독교 세계관의 입장에서 전제가 잘못된 찬양이 있습니다. 대표적인 찬양이 "죄 많은 이 세상은 내 집 아니네"입니다.

죄 많은 이 세상은 내 집 아니네
내 모든 보화는 저 하늘에 있네
저 천국 문을 열고 나를 부르네
나는 이 세상에 정들 수 없도다
오 주님 같은 친구 없도다
저 천국 없으면 난 어떻게 하나
저 천국 문을 열고 나를 부르네
나는 이 세상에 정들 수 없도다

저는 이 찬양을 좋아합니다. 곡조가 신나기 때문입니다. 어릴 적 부흥회에서 참 많이 손뼉 치며 불렀습니다. 그런데 대학 시절 한 수련회 특강 시간에 이 가사가 비성경적이라는 말을 들었습니다. 이원론이 문제였습니다. 가사는 '이 세상'(현세)을 죄 많은 세상, 내 집이 아닌 곳, 정들 필요가 없는 땅, 제대로 된 친구를 사귈 수 없는 곳으로 규정합니다. 반면에 '저 세상'(내세)은 영광의 땅, 내가 가야 할 참된 집, 예수님께서 기다리시는 곳, 영원한 승리를 외치는 성도들과 함께 찬양하는 곳으로 규정합니다. 그래서 '그리스도인은 이 땅에서의 삶을 도외시하고, 오직 내세를 바라보며 살아야 한다'는 이원론적 사고를 은연중에 가르친다는 것입니다.

내세를 지향하는 것은 분명 성도가 가져야 할 중요한 마음가짐 중 하나입니다. 마지막 숨을 거두고 가게 될 천국에 대한 분명한 소망이, 이 땅에서 끝까지 성도로서 온전하게 살아가게 하는 가장 강력한 동기가 됩니다. 내세가 없는 듯 현세 지향적으로 살아가는 사람들이 점점 많아지는 오늘날, 우리는 가끔 이런 찬양을 통해 내세에 대해 생각해 볼 필요가 있습니다. 그래서 저는 그 특강을 들은 후에도 이 찬양을 여전히 사랑하며 부르고 있습니다.

그러나 성도 대부분이 이 찬양을 '이 땅의 모든 것을 부정하고, 오직 하늘에 있는 것만 바라보라'는 뜻으로만 이해하고 부르고 있다면, 저 역시 이 찬양을 금해야 한다고 생각합니다. 성경의 가르침과 다르고, 하나님의 선하신 뜻과도 일치하지 않기 때문입니다. 성경은 성도가 이 땅에서 누리는 삶과 천국에서 누리는 삶, 둘 다를 소중하게 생각하기 때문입니다.

인간을 특별하게 창조하시다

창세기 1장 26-28절을 보겠습니다.

> [26] 하나님이 이르시되 우리의 형상을 따라 우리의 모양대로 우리가 사람을 만들고 그들로 바다의 물고기와 하늘의 새와 가축과 온 땅과 땅에 기는 모든 것을 다스리게 하자 하시고 [27] 하나님이 자기 형상 곧 하나님의 형상대로 사람을 창조하시되 남자와 여자를 창조하시고 [28] 하나님이 그들에게 복을 주시며 하나님이 그들에게 이르시되 생육하고 번성하여 땅에 충만하라, 땅을 정복하라, 바다의 물고기와 하늘의 새와 땅에 움직이는 모든 생물을 다스리라 하시니라.

하나님께서 세상을 창조하신 기사 중에서 여섯째 날에

행하신 일이 나옵니다. 하나님의 창조 하나하나가 다 중요하지만, 여섯째 날은 더 중요합니다. 바로 우리 인간을 창조하신 날이기 때문입니다.

여섯째 날 하나님께서 인간을 창조하시는 부분을 면밀하게 읽어 보면, 이전의 창조에는 없는 몇 가지 특이한 장면을 볼 수 있습니다. 다른 창조는 모두 하나님께서 일방적으로 말씀하시면 이루어지는 방식입니다. 그런데 인간을 창조할 때에는 그냥 만드시는 게 아니라 '회의'를 하십니다. 우리가 알고 있는 성부와 성자와 성령이 그때에도 계십니다. 그래서 '우리'라는 복수형 표현이 사용됩니다. 삼위 하나님께서 모여 인간을 어떻게 창조할지 논의하시는 것입니다. "우리의 형상을 따라", "그들로⋯모든 것을 다스리게 하자"라는 표현을 보면 알 수 있습니다.

더욱이 인간은 하나님의 말씀으로만 만들어지지 않았습니다. 하나님께서 친히 흙으로 인간의 모습을 빚으시고, 인간의 코에 생기를 불어 넣으십니다. 다른 짐승들을 창조하실 때와는 다른 방식입니다.

인간은 창조된 방식도 특별하지만, 인간을 대하시는 하나님의 태도를 보면 다른 피조물을 대하시는 태도와 더욱 비교됩니다. 하나님은 인간을 자신의 형상을 따라 만들고, 인간에게 자신이 만든 세계를 통치하는 역할을 맡기겠다고 말씀하십니다. 하나님의 일을 인간에게 위임하시는 것입니다. 인간은 다른 피조물과는 구별된 존재입니다. 하나님은 그런 인간을 특별하게 바라보십니다.

죄 때문에 잃어버린 하나님의 형상

우리는 하나님의 "형상을 따라" 하나님의 "모양대로" 지어졌습니다. 형상을 의미하는 히브리어 '쩨렘'과 모양을 의미하는 '데무트'는 동의어입니다. 강조하기 위한 반복입니다. 우리는 하나님의 형상을 따라 만들어진 존재이므로 하나님의 형상이 무엇인지 안다면, 우리가 창조된 목적을 알 수 있을 것입니다. 하나님의 형상은 과연 무엇입니까?

우선, 하나님의 형상을 우리의 겉모양으로 생각하면 안 됩니다. 인간과 외형이 매우 유사한 짐승들이 있지만, 그것들은 하나님의 형상으로 지어지지 않았습니다. 하나님은 육신을 가지고 계시지 않습니다. 하나님은 영이십니다. 그러므로 인간이 하나님을 직접 알 수 있는 방법은 없습니다. 하나님은 하나님 자신을 알리기 위해 우리에게 계시의 말씀을 주셨습니다.

그러나 계시로 하나님을 알기에는 한계가 있습니다. 구약에서 하나님은 끊임없이 이스라엘에게 계시의 말씀을 주십니다. 율법과 선지자가 끊임없이 하나님의 사랑과 공의를 외칩니다. 이스라엘 백성에게 돌이키라고 명령하십니다. 하나님께서 오래 참으며 반복하여 외치셨지만 이스라엘은 우상 숭배에서 돌이키지 못합니다. 결국 그들은 멸망당하고 앗수르와 바벨론에 포로로 끌려갑니다. 구약의 결론 중 하나는, 하나님께서 아무리 계시로 말씀하신들 인간은 그 뜻을 알지 못하고 그 뜻대로 행할 수 없다는 것입니다. 인간 안에 들어온 죄가 하나님과 우리 사이를 막고 있기 때문입니다. 율법과 선지자를 통한 계시로는 죄의 그늘에서 벗어날 수 없습니다.

그래서 절망의 땅에 하나님이신 예수님께서 직접 인간의 몸을 입고 오십니다. 보이지 않는 하나님을 도무지 이해하지 못하는 인간을 위해 인간의 모습을 하고 오신 것입니다. 이 땅을 거니신 예수 그리스도를 통해 우리는 눈에 보이지 않는 하나님의 형상을 보고 배우고 누릴 수 있게 되었습니다. 그래서 바울은 하나님의 형상이 바로 예수님이라고 가르칩니다.

> 그중에 이 세상의 신이 믿지 아니하는 자들의 마음을 혼미하게 하여 그리스도의 영광의 복음의 광채가 비치지 못하게 함이니 그리스도는 하나님의 형상이니라(고후 4:4).

> 그는 보이지 아니하는 하나님의 형상이시요 모든 피조물보다 먼저 나신 이시니(골 1:15).

이것은 대단히 놀라운 말씀입니다. 인간은 하나님의 형상을 따라 창조된 존재이고, 하나님의 형상은 예수님입니다. 인간과 예수님은 둘 다 '하나님의 형상'이라는 공통점이 있습니다. 우리는 예수님과 처음부터 닮은꼴인 것입니다. 하나님께서 우리를 만드실 때부터 예수님을 닮게 만드셨습니다. 온 우주를 창조하신 하나님께서 우리를 얼마나 존귀하게, 얼마나 잘 만드셨는지 생각하게 됩니다.

그렇게 만들어진 우리 인간에게 맡기신 일도 엄청납니

다. 생육하고 번성하여 하나님께서 이 땅에 만드신 모든 창조 세계를 돌보고 다스리고 경영하라니요. 하나님은 자신이 해오던 일을 인간에게 주시며 하나님을 대신하여 이 땅을 통치하라고 명하고 계신 것입니다.

예를 들어 보겠습니다. 한 왕이 있습니다. 그는 얼마간 외국에 다녀올 일이 생겼습니다. 그는 자신이 떠나 있는 동안 나라를 대신 통치할 사람을 세웁니다. 그 자리는 보통 자리가 아닙니다. 그 자리에 앉는 사람은 왕이 돌아오기까지 거의 모든 영역에서 왕과 같은 권한을 갖습니다. 그의 결정에 나라의 흥망성쇠가 정해집니다. 그러니 아무에게나 그 일을 맡길 수는 없겠지요. 아마 가장 신뢰할 만한 사람에게 그 자리를 맡길 것입니다. 바로 이와 같은 상황에서 하나님은 자신이 창조하신 모든 세계를 인간에게 맡기십니다. 인간에게 엄청난 권한을 부여한 것이지요.

우리는 이 이야기가 어떻게 비극으로 흐르는지 압니다. 아담과 하와는 하나님께서 주신 엄청난 직책을 감당하지 못했습니다. 엄청나게 많은 것을 받았고, 거의 모든 것을 마음대로 할 수 있었지만, 자신들이 절대로 먹어서는 안 되는 한 나무 열매에 집중했습니다. 결국 그들은 하나님께서 금하신 열매를 자발적으로 먹었습니다. 그것은 단순한 서리 행위가 아닙니다. 더 이상 왕이신 하나님의 뜻을 이행하는 대리자가 아니라, 내 마음대로 왕국을 다스리는 자가 되겠다는 반역의 선언입니다.

하나님을 향한 인간의 반역, 하나님처럼 되어 하나님의 명령에 따르지 않겠다는 선언을 성경은 '죄'라고 합니다. 그 죄로 인해 인간은 더 이상 온전한 '하나님의 형상'일 수 없게 되었고, 대리 통치자의 지위도 잃어버렸습니다. 하나님의 창조 세계를 돌보고 다스리는 능력과 지혜를 잃어버렸습니다. 평생 땀 흘리며 수고해서 먹고살다가 흙으로 돌아가는 존재로 전락했습니다.

그리스도를 통해 회복한 하나님의 형상

다행히 이야기는 거기에서 끝나지 않습니다. 하나님께서 인간에게 또 한 번의 기회를 주십니다. 예수 그리스도의 십자가 사건입니다. 하나님이신 예수님께서 인간의 몸을 입고 인간 속으로 들어와 죄 문제를 해결하셨습니다. 잃어버린 하나님의 형상을 회복시키셨습니다.

내가 죄인임을 인정하고 나를 위해 그리스도가 십자가에 달려 죽으시고 부활하심을 믿는 자에게, 그리스도를 인생의 구원자요 주인으로 고백하는 자에게 하나님의 형상이 회복되는 역사가 일어납니다. 이제 성도와 성도의 모임인 교회는 세상을 통치해야 하는 사명도 회복하게 되었습니다.

> [9] 너희가 서로 거짓말을 하지 말라 옛 사람과 그 행위를 벗어 버리고 [10] 새 사람을 입었으니 이는 자기를 창조하신 이의 형상을 따라 지식에까지 새롭게 하심을 입은 자니라(골 3:9-10).

바울은 이전과 같은 방식으로는 살 수 없게 된 그리스도인의 삶을 설명하면서 그들이 '새 사람'을 입었다고 말합니다. 이것은 그들이 창조하신 분의 형상을 따라 모든 영역에서 새롭게 되어야 한다는 뜻입니다. 예수님을 통해 구원받고 하나님의 형상을 회복한 성도는 이 땅에서 맡은 역할 또한 회복해야 합니다. 죄인이었던 상태, 하나님의 형상과 무관하게 살던 방식을 이제는 더 이상 유지할 수 없습니다.

그렇게 살도록 성령님께서 가만두시지 않습니다. 끊임없이 성도의 삶에 간섭하여 하나님의 형상에 합당하게, 그리스도를 닮은 모습으로 우리를 빚어 가십니다.

세상을 향한 교회의 사랑 1: 전도

교회가 세상을 사랑하는 첫 번째 방식은 '복음 전도'입니다. 하나님의 형상을 회복한 성도와 교회는, 이제 하나님께서 교회에 맡기신 역할을 감당해야 합니다. 하나님의 형상을 따라 창조된 아담과 하와에게 맡기신 일이 무엇인지 정리하고, 그것을 토대로 하나님께서 명하신 일을 해야 합니다. 하나님께서 처음 인간에게 주신 바 세상을 향한 명령에 순종해야 합니다. 그런 의미에서 복음 전도는 교회가 가장 먼저 해야 하는 일입니다.

> 하나님이 그들에게 복을 주시며 하나님이 그들에게 이르시되 생육하고 번성하여 땅에 충만하라, 땅을 정복하라, 바다의 물고기와 하늘의 새와 땅에 움직이는 모든 생물을 다스

리라 하시니라(창 1:28).

  이것은 하나님께서 인류에게 주신 첫 번째 축복입니다. 어떤 이들은 이것을 '문화 명령'이라고 말하기도 합니다. 이 구절은 결혼식에서 주례사로도 종종 쓰이는데, '생육과 번성'이라는 표현 때문입니다. 이것을 다산의 축복으로 이해한 것입니다. 그러나 위의 구절은 생물학적으로 자녀를 많이 낳으라는 축복이 결코 아닙니다. 우리 주변의 수많은 난임 가정을 생각해 보십시오. 그럼 그들은 영원히 하나님의 축복을 받을 수 없다는 말입니까? 여기서 '생육과 번성'은 생물학적으로 자녀를 낳는다는 뜻이 아니라 "하나님의 형상을 가진 자들을 계속해서 낳아야 한다"는 영적 의미를 가지고 있습니다.

  먼저, 우리가 하나님의 형상을 온전히 회복해야 합니다. 그런 다음, 이 땅에서 하나님의 형상을 계속해서 낳아야 합니다. 어떻게 그럴 수 있을까요?

  우리가 '하나님의 형상'을 회복할 수 있게 만든 그 진리를 외치면 됩니다. 그리고 그 진리대로 사는 것입니다. 진리가 우리에게 요구하는 사랑과 나눔의 삶을 이 땅에서 최선을 다해 살아 내는 것입니다. 온통 자기를 사랑하는 이 시대 속에서, 세상이 도무지 이해할 수 없는 바 자기를 부인하는 삶의 방식을 선택하는 것입니다. 성령의 인도하심을 구하고 그 인도하심을 따르는 것입니다. 보복하기보다 용서하기를 선택하는 것입니다.

그렇게 살면 어떤 일이 일어날까요? 세상은 도무지 이해할 수 없는 삶의 방식을 선택하는 성도들을 이상하게 여길 것입니다. 이상한 선택이 반복되면 물을 테지요. 세상의 질문 앞에서 우리는, 우리가 세상과 다른 선택을 하는 이유가 우리의 형상을 회복시켜 주신 예수 그리스도께 있음을 들려줍니다. 이것이 바로 '복음 전도'입니다. 그때 세상에 있던, 아직 하나님의 형상을 회복하지 못한 사람들이 눈에 보이는 복음에 반응하여 하나님께 나아오고, 그들에게도 하나님의 형상이 회복되는 역사가 일어납니다. 새로운 생명의 탄생입니다.

저는 지금 전도하라는 이야기를 하고 있습니다. 그냥 쉽게 "전도하세요" 하면 될 것을 왜 돌려서 말하느냐고요? 전도라는 것이 그냥 해야 하기 때문에 하는 '행사'가 아니기 때문입니다. 전도는 우리가 하나님의 형상을 회복할 때 필연적으로 따르는 일입니다. 하나님의 형상을 회복한 사람이 다른 영혼에도 그런 일이 일어나기를 바라는 건 아주 당연합니다. 다른 누군가에게도 하나님의 형상이 회복되기를 소원하면서 하는 일이 바로 '전도'입니다.

> 또 이르시되 너희는 온 천하에 다니며 만민에게 복음을 전파하라(막 16:15).

하나님의 형상이 생육하고 번성하여 땅에 충만해지는 데 쓰임받는 교회가 되기를 원합니다. 그러자면 먼저 우리 안에 있는 하나님의 형상이 회복되어야 합니다. 복음을 경험하고, 그 능력으로 내가 먼저 새롭게 되는 체험을 해야 합니다. 성도로서 합당하게 살 수 있게 하시는 성령의 충만함을 구해야 합니다. 그 모든 과정을 지나며 우리는 점점 더 주님을 닮아 갈 것입니다. 하나님의 형상이 회복되어 가는 것, 성화입니다.

복음과 복음의 능력을 자기 안에만 가둬 두는 이기주의자는 되지 마십시오. 복음은 나 하나만을 위한 것이 아닙니다. 우리가 복음으로 하나님의 형상을 회복하는 중에 있다면, 그 회복은 반드시 밖으로 드러날 것입니다. 그래서 하나님의 축복이자 명령인 복음 전도의 사명을 감당하게 될 것입니다. 복음을 전하는 일에 힘쓰게 될 것입니다. 새로운 영적 생명이 탄생하는 데 쓰임받는 교회가 되기를 소원합니다. 새로 태어난 생명으로 가득한 교회를 꿈꿉니다.

복음 전도는 우리 주변이나 동일한 문화권에 속한 사람들에게만 하는 게 아닙니다. 우리 문화권 너머에서 아직 복음을 누리지 못하는 사람들에게도 우리는 가야 합니다. 선교하는 교회가 되는 것입니다. 우리 교회는 계속해서 선교사를 파송하고 협력 선교사를 늘릴 것입니다. 전문 선교사에게 일을 위임하고는 뒷짐 지지 않을 것입니다. 온 교회가 기본적으로 선교에 대한 부담을 느끼는 동시에, 언제든 하나님께서 부르시면 반응할 수 있도록 훈련할 것입니다.

왜 그래야 할까요? 그 땅에 회복되어야 할 하나님의 형상들이 있기 때문입니다. 그 길을 가는 것은 주님의 축복이자 명령입니다. 그러므로 우리는 이 땅에서 마땅히 전도와 선교, 복음 전도의 사명을 감당해야 합니다.

세상을 향한 교회의 사랑 2 : 사랑과 정의

교회가 세상을 사랑하는 두 번째 방식은 세상을 '사랑과 정의'로 돌보는 것입니다.

> 하나님이 그들에게 복을 주시며 하나님이 그들에게 이르시되 생육하고 번성하여 땅에 충만하라, 땅을 정복하라, 바다의 물고기와 하늘의 새와 땅에 움직이는 모든 생물을 다스리라 하시니라(창 1:28).

28절의 뒷부분을 보면 "땅을 정복하라…모든 생물을 다스리라"는 통치 명령이 나옵니다. 서구 제국주의는 이 구절을 '인간이 모든 자연을 정복하고 착취할 수 있다'는 근거로 삼고, 자기보다 약한 나라와 민족을 공격하고 식민지로 만들었습니다. 그러나 이 구절은 절대 그런 의미가 아닙니다. 하나님의 형상이 무엇인지 고민하지 않고 뒷부분에 나오는 명령만 본 것입니다. 자기가 하고 싶은 말을 하기 위해 성경의 일부만 가져다 쓴 것입니다. "땅을 정복하라…모든 생물을 다스리라"는 명령은, 하나님의 형상을 회복한 인간이, 다시 말해 그리스도를 닮은 성도가 이 세상에서 무슨 일을 해야 하는지 보여 줍니다. 성도의 일상적 삶의 지침인 셈입니다.

창세기 2장 20절은 "아담이 모든 가축과 공중의 새와 들의 모든 짐승에게 이름을 주니라"고 말합니다. 아담은 죄를 짓기 전에, 모든 짐승들에게 이름을 지어 줍니다. 이것은 동산의 모든 생물을 다스린다는 것이 어떤 의미인지를 보여 줍니다. 아담은 에덴 동산의 동산지기가 되어 수고하고 있습니다.

우리는 '다스리다'라는 단어에 반감을 갖기 쉽습니다. 약자에게 군림하며 힘을 과시하는 듯한 느낌이 들기 때문입니다. 그러나 여기서 '다스리다'는 그런 의미가 아닙니다. 그보다는 '돌보다'라고 표현하는 것이 더 적절합니다. 하나님은 아담에게 세상을 돌보라고 명하고 계십니다. 아직 죄를 짓지 않아 하나님의 형상을 유지하고 있던 아담은, 그 명령을 잘 수행했습니다.

우리는 예수 그리스도를 믿음으로 깨어졌던 하나님의 형상을 회복한 사람들입니다. 그런 우리를 교회라고 부릅니다. 그러므로 교회는 이 세상에서 처음 아담이 했던 일,

바로 '세상을 돌보는' 일을 해야 합니다. 하나님께서 창조하셨지만 인간의 죄 때문에 망가지고 부서진 세상을 회복시켜야 합니다. 그렇다면 어떤 원칙을 가지고 세상을 돌봐야 합니까? 우리 각자의 삶에서 어떻게 그런 일을 할 수 있습니까?

주님이 주신 원칙이 있습니다. 시편 89편 14절을 보겠습니다.

> 의와 공의가 주의 보좌의 기초라 인자함과 진실함이 주 앞에 있나이다.

"의와 공의"가 주님의 보좌를 받들고, "인자함과 진실함"이 주님을 시중들며 앞장서는 이 그림은, 하나님께서 이 세상을 두 가지 방식으로 다스리심을 보여 줍니다. 여기서 의와 공의는 '정의'로, 인자함과 진실함은 '사랑'으로 간단히 바꿔 말할 수 있습니다. 그렇다면 하나님과 관계가 회복된 인간, 즉 교회가 이 세상을 다스리는(돌보는) 방식도 '사랑과 정의'가 되어야 합니다. 교회는 세상을 사랑하고, 동시에 사랑에서 비롯된 정의를 세상에 구현해야 합니다. 정의롭지 못한 세상 속에서 정의를 구현하기란 쉬운 일이 아닙니다. 공정하지 못한 세상에서 공정하기도 쉽지 않습니다. 그럼에도 그것이 우리 성도에게 맡겨진 삶의 방식입니다.

하나님의 시선이 어디를 향하고 있는지 아십니까? 성경은 하나님을 가리켜 "고아의 아버지", "과부의 재판장"(시 68:5)이라고 표현합니다. 이 땅에서 부당하게 박해를 당하는 모든 이들의 보호자로 하나님을 소개하고 있는 것입니다. 그러므로 교회도 세상 속에서 우는 자들의 편에 서야 합니다.

우리가 드려야 할 삶의 예배

'사랑과 정의'로 세상을 돌보는 구체적인 방법들에는 무엇이 있을까요? 여기서 제가 최근의 사회적 이슈를 예로 들면서 이런저런 방법을 제시할 수 있겠지만, 생각해 보면 저는 이 분야의 전문가가 아닙니다. 솔직히 말해, 저는 어떤 구체적인 영역에서 사랑과 정의를 실천하는 방법을 제시할 만한 전문성이 없습니다.

제 생각에 각 영역의 전문가는 우리 성도들 한 사람 한 사람입니다. 저는 여러분보다 세상을 더 모릅니다. 성도들과 대화할 때마다 느끼는데, 세상은 제가 아는 것보다 훨씬 더 어렵고 복잡하고 치열한 것 같습니다. 예전에는 아는 척이라도 했는데 이제는 정말 모르겠습니다.

제가 아는 건, 성경이 말하는 원칙입니다. 또 아는 건, 하나님께서 '사랑의 정의'의 원칙을 지키고자 이 땅에서 분투하는 성도들과 함께하신다는 것입니다. 그러니 하나님의 원칙과 그분의 함께하심을 붙드십시오. 그리고 원칙에 근거하여 어떻게 살아야 할지 세부적인 방식을 만들어 주십시오. 그것을 가지고 적극적으로 세상 속으로 들어가 '하나님의 형상'을 회복한 성도로서 동산지기 역할을 아름답게 수행해 주십시오. 주님이 여러분에게 지혜 주시기를, 용기와 힘 주시기를 구합니다. 그것들로 세상 속에서 사는 하나님의 형상이 얼마나 아름다운지 증명해 주십시오.

세상을 바라보면서, "죄 많은 이 세상은 내 집이 아니다. 그러므로 나는 세상을 위해 아무 일도 하지 않겠다"는 것은, 하나님의 형상대로 지음받고 그리스도를 통해 그 형상이 회복된 교회가 할 수 있는 선택이 아닙니다. 우리는 이 땅의 청지기입니다. 예전에 아담이 수고하던 때보다 훨씬 더 힘들고 어렵겠지만, 주님은 우리에게 세상을 돌보는 동산지기로서 이 땅을 살아가라고 명령하십니다. 세상을 두려워하고 혐오하고 미워하며 떠나는 것이 아니라 세상 속으로 들어가 세상을 섬기는 것입니다.

성도 여러분, 아름다운 승리의 소식을 전해 주십시오. 때로는 아름다운 실패의 소식도 나누어 주십시오. 여러분이 분별한 하나님의 뜻으로 만들어 가는 현장의 이야기를 듣고 싶습니다. 아름다운 '하나님의 형상들'이 수고한 이야기를 듣고 싶습니다. 그 이야기를 뒤따라 오는 후배들에게 나누어 주십시오. 그것이 우리가 드려야 할 삶의 예배입니다.

> [1] 그러므로 형제들아 내가 하나님의 모든 자비하심으로 너희를 권하노니 너희 몸을 하나님이 기뻐하시는 거룩한 산 제물로 드리라 이는 너희가 드릴 영적 예배니라 [2] 너희는 이 세대를 본받지 말고 오직 마음을 새롭게 함으로 변화를 받아 하나님의 선하시고 기뻐하시고 온전하신 뜻이 무엇인지 분별하도록 하라(롬 12:1-2).

하나님의 형상을 따라 우리를 지으시고, 죄 때문에 잃어버린 그 형상을 우리에게 회복시켜 주기 위해 이 땅에 오신 주님을 바라봅니다. 주님이 우리 성도들에게 지혜 주시기를 구합니다. 그분의 온전하신 뜻이 무엇인지 분별할 수 있게 하시기를 구합니다. 우리 각자의 상황 가운데 말씀하시는 하나님께 순종하여 그리스도를 닮은 모습으로 하나님 앞과 세상 속에서 살아가는 성도가 되기를 축원합니다. 그것이 우리가 드릴 영적 예배이고, 삶의 예배이며, 거룩한 산 제물로 드려지는 삶입니다. 세상을 사랑하되 세상의 불의에 넘어가지 않는 하나님의 사람으로 서기를 소원합니다. 우리 교회가 복음을 전하며 사랑과 정의로 세상을 섬기기를 소원합니다.

나눔과 적용

1. "나는 하나님의 형상을 따라 지어졌다." 이 사실을 알게 된 후, 나 자신에 대한 생각과 삶에 어떤 변화가 있었는지 이야기해 봅시다.

2. 세상을 향한 교회의 사랑은 가장 먼저 무엇으로 나타나야 합니까? 그 이유는 무엇입니까?(133-137쪽, 롬 5장, 마 28:16-20 참조)

3. 교회가 세상을 사랑하는 두 번째 방식은 무엇입니까? 이때 필요한 원칙은 무엇입니까?(시 89:14)

4. 진리는 반드시 사랑의 열매로 나타납니다. 내가 속한 학교나 가정, 직장을 섬길 수 있는 방법을 구체적으로 생각해 봅시다.

3부

우리가 되어 자라 가는 교회

6
교회의 하나 됨을 지키라

'우리'는 없고 '나만' 존재하는 시대

우리는 지금 한 지역교회의 비전 "진리로 사랑하는 우리"를 중심으로 교회가 어떠해야 하는지를 살펴보고 있습니다. 이제 세 번째 단어 '우리'에 대해 살펴보겠습니다.

이 시대의 특징 가운데 하나가 개인주의입니다. 공동체의 가치가 무너지고 개인을 가장 중요하게 생각합니다. 잘못된 공동체주의 때문에 억압되었던 개인의 가치를 인정하고 권리를 세워 준다는 건 좋은 일입니다. 국가나 가문, 종교의 뜻에 따라 개인의 삶이 결정되던 시대가 있었습니다.

그때에는 개인보다 공동체를 더 중요하게 여겼습니다. 그러나 이 시대는 전혀 그렇지 않습니다. 개인이 가치의 척도입니다. 개인의 행복과 이익이 가장 중요합니다.

교회를 다니는 이유도 '나의 행복' 때문인 사람들이 있습니다. 어찌 보면 맞는 말입니다. 인간은 기본적으로 자기중심적이기 때문에 채움을 받지 못하면 신앙생활에 열심을 내지 못합니다. 성경도 그런 의미에서 개인의 가치를 긍정하며, 개인이 홀로 하나님 앞에 나오기를 요청하기도 합니다. 문제는 이 시대의 개인주의 경향이 점점 더 심해지고 있다는 것입니다. 개인이 모든 것의 기준이 되는 방향으로 나아가고 있습니다.

그러나 교회는 그럴 수 없습니다. 교회를 향한 하나님의 계획은 기본적으로 공동체 중심입니다. 하나님은 신앙 공동체에 말씀을 주셨습니다. 하나님의 인도하심도 공동체를 대상으로 하는 경우가 많습니다. 하나님은 우리 성도가 함께 자라 가기를 원하십니다. 다양한 차이가 있어 더디더라도 함께 걷기를 원하십니다.

'우리'는 함께 소리내는 자이다

'우리'란 무엇일까요? 사전적으로는 "나를 포함한 복수 또는 내가 속한 집단"을 의미합니다. 너무나 많이 쓰는 단어여서 그 의미를 깊이 생각해 본 적조차 없을지도 모르겠습니다.

'우리'라는 단어의 어원을 살펴보니 '축사'(畜舍)를 의미하는 '우리'에서 유래했다는 해석이 많습니다. 용례로 '돼지우리'가 있습니다. '짐승을 가두기 위해 둘러놓은 울타리'라는 뜻입니다. 울타리를 치고 그 안에 함께 들어가 있는 사람들을 '우리'라고 부른다는 학설입니다.

한국인이 가장 많이 사용하는 '우리'라는 단어가 기껏해야 짐승을 가두기 위해 둘러놓은 울타리에서 나왔다니요. 저는 수긍하기가 어려웠습니다. 더욱이 그것은 일제 강점기 때 일본 학자들이 연구한 한국어 어원에 관한 설입니다. 저는 '우리'에 대한 다른 학설을 찾아보았습니다. 그러다가 '우리'라는 단어가 '울다'의 어근 '울'과 사람을 의미하는 접미사 '이'가 더해진 '울이'에서 발전했다는 새로운 학설을 발견했습니다. 그게 사실이라면 '우리'는 다음과 같이 세 가지 의미로 풀어 쓸 수 있습니다.

첫째, '우리'란 정서적으로 슬픔과 기쁨을 함께 나누는 사람들입니다. 나와 함께 웃고 함께 우는 분신의 집합이라 하겠습니다.

둘째, '우리'란 내 편에 서서 적이나 상대에게 목소리를 내는 사람들입니다. 내 입장을 변명해 주는 대변자인 셈입니다. 나와 함께 또는 나를 위해 크게 울어 주는(주장해 주는) 사람입니다.

셋째, '우리'란 함께 노래하는 사람들입니다. 원시공동체는 함께 노래하기를 좋아했습니다. 겨레붙이가 한데 모여 공동의 기쁨을 나누고 기념 행사를 치르며 같이 노래하는 것입니다.

'우리'는 함께 마음을 나누는 관계입니다. 함께 울고 웃을 수 있는 이웃입니다. 적 앞에서 내 편이 되어 목소리를 내는 동지입니다. 함께 노래 부르는 친구입니다. 같은 기쁨과 감격을 느끼기에 함께 소리내지 않고는 견딜 수 없는 사이가 바로 '우리'입니다. "진리로 사랑하는 우리"의 "우리"는 바로 그런 의미입니다.

너희의 하나 됨을 반드시 지키라

에베소서 4장 1-6절을 보겠습니다.

> ¹ 그러므로 주 안에서 갇힌 내가 너희를 권하노니 너희가 부르심을 받은 일에 합당하게 행하여 ² 모든 겸손과 온유로 하고 오래 참음으로 사랑 가운데서 서로 용납하고 ³ 평안의 매는 줄로 성령이 하나 되게 하신 것을 힘써 지키라 ⁴ 몸이 하나요 성령도 한 분이시니 이와 같이 너희가 부르심의 한 소망 안에서 부르심을 받았느니라 ⁵ 주도 한 분이시요 믿음도 하나요 세례도 하나요 ⁶ 하나님도 한 분이시니 곧 만유의 아버지시라 만유 위에 계시고 만유를 통일하시고 만유 가운데 계시도다.

3절이 핵심 구절입니다. "평안의 매는 줄로 성령이 하나 되게 하신 것을 힘써 지키라." 나머지 구절은 "하나 되게 하신 것을 힘써 지키라"는 3절의 명령을 위해 존재합니다. 1-2절은 하나 됨을 지키기 위한 방법들입니다. 4-6절은 하나 됨을 지키지 않으면 안 되는 이유들입니다. 바울은 지금 교회의 하나 됨을 지키는 것이 매우 중요하다고 강조하며 이렇게 명령하고 있습니다.

이 명령의 중대함을 두 가지 면에서 살펴보고자 합니다. 하나는 '지키지 않으면 안 되는' 이론적 측면이고, 다른 하나는 '반드시 지켜야 하는' 실제적 측면입니다. 전자에 해당하는 내용이 에베소서 1장 22-23절에 나옵니다.

> [22] 또 만물을 그의 발 아래에 복종하게 하시고 그를 만물 위에 교회의 머리로 삼으셨느니라 [23] 교회는 그의 몸이니 만물 안에서 만물을 충만하게 하시는 이의 충만함이니라.

이것이 교회가 하나 됨을 지켜야 하는 이유입니다. 교회인 우리 한 명 한 명이 그리스도가 머리이신 한 몸의 지체이기 때문입니다. 교회는 머리이신 예수 그리스도에 의해 움직이는 유기체입니다. 고린도전서 12장도 우리가 한 몸의 각 지체임을 가르치고 있습니다. 교회의 구성원 한 명 한 명은 결코 분리된 존재가 아닙니다. 예수님을 주님으로 고백하고 내 삶의 구세주요 주인으로 영접하는 순간, 우리는 예수님이 머리이신 한 몸의 지체가 됩니다.

정말 우리는 하나인 걸까요? 성경은 분명 우리가 그리스도와 함께 세례를 받는 순간 서로 형제자매가 될 뿐 아니라, 그분의 몸인 '교회의 각 지체'가 된다고 밝히고 있습니다.

1절에서 바울은 "너희가 부르심을 받은 일에 합당하게 행하여"라는 말로 시작하며 하나 됨을 지키라고 명령합니다. 구원으로의 부르심, 우리에게 영원한 생명을 가져다주는 '유효한 부르심'에 합당하게 행할 때, 우리가 하나 됨을 지킬 수 있다는 말입니다. 쉽게 말해, "그리스도인이라면 마땅히 성도의 하나 됨을 지키라"는 단언입니다.

2절에서는 하나 되는 방법들을 제시합니다. "모든 겸손, 온유, 오래 참음, 사랑 가운데서 서로 용납"이 그것입니다. 그런데 이 단어들을 어디서 많이 보지 않았습니까? 맞습니다. 갈라디아서 5장에 나오는 성령의 아홉 가지 열매를 축약한 것입니다. 우리의 하나 됨이 너무나 중요하기 때문에 하나 되는 데 쓰라고 성령의 열매들을 주신 것입니다. 도대체 성도의 하나 됨이 뭐길래 이렇게나 강조하는 걸까요?

3절은 위의 두 구절의 결론입니다. "성령이 하나 되게 하신 것을 네 의지와 힘을 다해 힘써 지키라." 여기서 "힘써 지키라"에 해당하는 원어는 군사 전문 용어입니다. 무슨 일이 있어도 죄수나 포로, 전선을 사수하라고 명령할 때 쓰는 표현입니다. 당시에는 죄수나 포로를 놓치거나 전선에서 무단으로 도주하다 잡히면 사형이었습니다. 그만큼 절박하게 하나 됨을 지키라고 명령한 것입니다.

본문에서 "하나 됨을 지키라"는 말을 얼마나 강조하고 있는지 정확히 이해해야 합니다. 그것은 목숨이 달린 명령입니다. 해도 그만, 안 해도 그만인 선택의 문제가 아니라 우리의 구원과 생명이 걸린 명령입니다.

이론적 이유: 교회는 주님의 몸이므로

오늘날 교회도 세상과 마찬가지로 지극히 개인적인 곳이 되어 버렸습니다. 많은 성도들이 관객이 되어 교회를 돌아다닙니다. 좋은 설교를 들으러 오는 이들도 있고, 유명한 찬양팀을 보러 오는 이들도 있습니다. 또 어떤 이들은 인맥을 넓히려고 교회에 등록을 합니다. 심지어 자녀를 교회가 운영하는 어린이집이나 학교에 다니게 하고 싶어 교회에 출석하는 이들도 있습니다. 교회에 등록하는 이유가 저마다 자기 자신에게 있습니다. 자신의 유익을 위해 교회를 정하고, 자신의 필요에 따라 적절한 거리를 두며 교회에서 활동합니다.

오늘날 교회의 가장 큰 문제는, 성도가 지금 자기 옆에서 예배하는 다른 성도에게 아무 관심이 없다는 것입니다. 세상에서 그렇듯 교회에서도 철저히 개인으로 존재할 수 있다고 생각합니다. 하나 됨이 만들어 내는 '공감'을 교회에서 찾아보기가 힘들어졌습니다. 하나님께서 기뻐하시는 성도나 교회와는 너무나 다른 모습입니다. 이것은 아주 중요하고 근본적인 문제입니다. 성경은 집요하게 성도의 하나 됨을 지키라고 말합니다. 왜일까요? 우리가 '그리스도의 몸'이기 때문입니다. 다음 한 구절만큼은 반드시 기억하기 바랍니다.

> 교회는 그의[그리스도의] 몸이니…(엡 1:23).

그리스도를 믿는 순간, 우리는 이전과는 전혀 다른 방식으로 존재하고 살아가게 됩니다. 이전에는 내가 내 인생의 주인이었습니다. 내가 머리이고 몸이고 독립된 개체였습니다. 그러니 내 맘대로 나를 위해 사는 것이 당연했습니다. 그런데 그리스도를 영접한 후로 나는 전혀 다른 존재가 됩니다. 그리스도가 머리가 되시고, 우리는 머리이신 그리스도의 몸을 이루는 지체, 즉 몸의 일부가 되었습니다. 성도는 독립된 개체가 아니라 그리스도와 다른 지체들에게 의존하는 '한 몸의 지체'입니다.

몸을 이루는 지체들은 저마다 개별성과 독립성을 갖습니다. 개별성은 서로의 다름을 인정하는 것입니다. 분명히 눈은 코와 다르고, 입은 귀와 다릅니다. 우리 몸은 모양이나 쓸모가 전혀 다른 무수한 기관들로 이루어져 있습니다. 서로 다른 기관들이 한 몸 안에서 저마다의 역할을 해내야 몸이 제 기능을 유지할 수 있습니다. 그러므로 지체들 간의 개별성은 반드시 지켜져야 합니다.

그렇다고 지체들의 개별성을 무한정 인정할 수도 없습니다. 서로 다른 기관들은 반드시 머리의 지시를 따라야 합니다. 또 옆에 있는 다른 지체의 필요에 따라 자신의 활동을 통제해야 합니다. 각 지체는 몸 안에서 자신의 쓸모를 결정해야 합니다. 지체가 속한 몸이 죽으면 지체 역시 죽을 수밖에 없음을 늘 기억해야 합니다. 성도라면 개인의 자유보다는 주님의 몸인 교회에서 우리가 지체 됨을 반드시 생각해야 합니다.

손해를 보더라도 교회의 하나 됨을 지키라

교회의 하나 됨을 지키는 것, 그리스도가 머리이신 한 몸의 각 지체를 배려하고 사랑하며 공동의 목적을 향해 함께 나아간다는 건 결코 쉬운 일이 아닙니다. 아무리 작은 공동체라도 마음에 맞지 않는 사람은 늘 있기 마련입니다. 더욱이 내게 손해를 입힌 사람마저 있을지 모릅니다. 그런 사람과 어떻게 한마음을 품고 함께 신앙생활을 할 수 있다는 말입니까? 하나 됨은 이론적으로 어려울 게 없는 것 같지만 실천하려면 보통 어려운 게 아닙니다.

교회 안에서 어떤 성도가 내게 실제로 손해를 끼친 경우가 가장 난감합니다. 손해를 끼친 사람이 내게 찾아와 먼저 용서를 구하면 그나마 낫습니다. 상대가 진심으로 용서를 구한다면 기꺼이 용서해 줄 수 있는 게 우리 아닙니까?

그런데 상대가 적반하장으로 나온다면요? 그때는 어떻게 해야 합니까? 이러한 경우에도 하나 됨을 지켜야 하는 걸까요?

고린도전서 6장에 이 문제에 대한 권면이 들어 있습니다. 고린도 교회에서 성도 간에 갈등이 생겼습니다. 한쪽이 다른 쪽에게 피해를 주었는데 교회 안에서는 도무지 해결이 나지 않습니다. 그래서 그들은 이 문제를 세상의 법정에 가지고 나갔습니다. 바울은 이 상황을 비통해하며 고소인에게 고소를 취하할 것을 권면합니다. 교회의 하나 됨을 지키는 것이 개인의 정당함을 입증하는 것보다 중요하다는 것이 이유입니다.

사실 이것은 대단히 어려운 문제입니다. 분노하는 데는 다 나름의 이유가 있으니까요. 그런데 성경은 정당함을 지키기 위한 일일지라도 그로 인해 교회의 하나 됨이 파괴된다면, 싸움 자체를 포기하라고 말합니다. 시비를 가리고 원수 갚는 일은 주님이 하실 테니 문제를 주님께 넘기라는 것입니다.

오늘날 한국 교회는 계속해서 분열되고 있습니다. 믿지 않는 사람들은 개신교의 분열을 보며 조롱합니다. 교회가 분열되는 대부분의 이유는 인간의 이기심에 있습니다. 서로 '자기가 맞다'고 주장하며 상대방을 마귀로 규정합니다. 소소한 이유 때문에 서로를 철천지원수로 여기며 돌아서는 경우가 얼마나 많은지 모릅니다. 세상보다 교회에서 사람들과 친해지기가 더 어렵다고 합니다. 실제로 마음을 터놓기가 쉽지 않습니다. 끊임없이 판단하고 평가하는 일들이 교회 안에서 일어나고 있기 때문입니다.

그러나 성도 여러분, "여기는 더 이상 교회가 아니다!" 하며 교회를 나올 때에는 정말 그러하다는 분명한 증거가 필요합니다. 그 기준은 '말씀'입니다. 이를테면 교회 기둥인 교리 체계가 무너졌다면 그곳을 더 이상 교회라고 할 수 없습니다. 하나님의 성품을 왜곡하거나, 그리스도 사역의 유일성을 부정하거나, 인간의 타락을 더 이상 가르치지 않는 등 성경의 핵심 진리를 명확하게 선포하지 않아도 더 이상 교회라고 할 수 없습니다.

이것은 사랑에도 동일하게 적용됩니다. 사랑은 교회가 가지고 있는 진리에서 나옵니다. 그런데 사랑이 어떤 방식으로든 나타나지 않는다면, 수년을 기다렸지만 상황이 바뀌지 않는다면, 자라고 있는 흔적이 없다면, 여러분, 강단에서 무엇을 선포하고 있든 그 공동체에는 예수 그리스도와 하나님의 말씀이 없는 것입니다. 참 진리는 반드시 사랑이라는 열매를 맺는데, 열매가 없다는 건 진리가 없는 것을 반증하니까요. 진리에 합당한 삶이 교회 안에 나타나지 않는다면, 시간을 두고 지켜보았지만 도무지 열매를 맺지 못한다면, 그곳은 더 이상 교회가 아니므로 급히 짐을 싸서 나와야 합니다.

여태껏 개신교에서 일어난 대부분의 분열은 진리 차원의 문제가 아니었습니다. 대부분은 기득권의 논리, 자기 정당화의 논리였습니다. 성경은 우리에게 하나 됨을 지키기 위해서는 손해를 감수하라고 말합니다. 바보 취급을 받으라고 말합니다. "나도 한 성질 하고 생각이 있는 사람이야!"라고 소리치며 뒤집어엎고 싶은 마음을 다스리라는 것입니다. 교회 공동체를 깨고 성도들을 마귀로 몰아붙이는 분노는 정의로운 게 아닐 수 있다고 말합니다. 내가 손해를 보더라도 교회의 하나 됨을 지키는 것은 성도의 중요한 삶의 방식입니다.

실제적 이유: '함께'라야 자라므로

왜 교회의 하나 됨을 지켜야 하는지 이제 실제적 이유를 살펴보겠습니다. 에베소서 2장 20-22절입니다.

> [20] 너희는 사도들과 선지자들의 터 위에 세우심을 입은 자라 그리스도 예수께서 친히 모퉁잇돌이 되셨느니라 [21] 그의 안에서 건물마다 서로 연결하여 주 안에서 성전이 되어 가고 [22] 너희도 성령 안에서 하나님이 거하실 처소가 되기 위하여 그리스도 예수 안에서 함께 지어져 가느니라.

여기에 나오는 건물의 비유는 무엇을 말하는 것일까요? 교회는 태어나는 것이고, 태어났기 때문에 '자라 가는 과정'이 필요하다는 뜻입니다. 그렇습니다. 교회는 자라 가기 위해 태어난 공동체입니다.

교회 공동체에 왜 유독 '이상한' 사람들이 많은지 앞에서 두 가지 이유를 말씀드렸습니다. 첫째는 교회 안에 신자와 불신자가 섞여 있기 때문이고, 둘째는 신자 중에서도 어린 신자와 성숙한 신자가 섞여 있기 때문입니다. 본문의 쟁

점은 교회 안의 미성숙한 신자와 관련이 있습니다. 즉 어린 신자를 어떻게 볼 것인가 하는 문제입니다.

교회가 태어나고 자라 가는 유기적 공동체라면, 그 안에는 아직 자라는 중에 있는 어린 신자가 존재할 수밖에 없습니다. 그러므로 이미 완성되었거나 문제를 해결한 성도들뿐 아니라 완성을 향해 자라 가는 어린 신자들, 또는 아직 신앙의 문제를 해결하지 못한 미숙한 신자들도 교회로 인정해야 합니다. 성도는 성도들의 모임인 교회 안에서 영적으로 태어나고, 젖먹이 시절을 보내며, 영적 유년기와 청소년기를 거쳐 청년과 장년이 됩니다. 영적 부모가 되어 어린 영혼들을 돕습니다. 성도는 그렇게 교회 안에서 자라 가도록 부르심을 받습니다.

교회의 건강은 '영적 성숙이 어떻게 교회 공동체 안에서 자연스럽게 일어나는가'에 달려 있습니다. 영적 아기가 계속 태어나는 것만큼이나 영적 성장과 성숙이 중단 없이 일어날 수 있는 방법을 찾아야 합니다. 생물학적으로 생명은 잘 먹이고 잘 재우며 필요한 것을 잘 공급하면 시간이 흐르면서 일정 수준의 성장을 합니다.

그러나 영적 생명은 그렇지 않습니다. 오랫동안 교회를

다니고, 설교를 많이 듣고, 예배를 수없이 드려도 여전히 성숙하지 못한 영혼이 교회 안에 너무나 많습니다. 교회에서 성숙한 성도를 찾기 어렵게 된 것을 당연하게 여기지 마시기 바랍니다. 영적 성숙은 우리가 반드시 회복해야 할 모습입니다. 교회는 역사가 길어질수록 '경건한 어른들'이 많아져야 합니다.

영적 성숙에 가장 중요한 기초는 무엇일까요? 먼저, 사도들과 선지자들의 터, 다시 말해 말씀의 터 위에 서야 합니다. 또한 모퉁잇돌이 되어 주시는 예수 그리스도에 대한 믿음이 토대가 되어야 합니다. 마지막으로, 혼자 또는 개인이 아니라 '함께' 지어져 가야 합니다. 신자가 바른 신앙을 가지고 예수 그리스도의 장성한 분량까지 자라 가도록 성경은 다음 세 가지 토대를 제시합니다. 말씀, 예수 그리스도, 공동체입니다. 이 세 가지가 확립되어 있을 때, 그 안에서 어린 신자가 온전하고 견고한 성도로 자라 갈 수 있습니다.

그리스도와 말씀이 성도의 삶에 핵심이라는 데는 별 이견이 없을 것입니다. 그런데 공동체는 어떻습니까? 별로 대단할 것 없고, 심지어 문제 많은 교회의 '그 사람들'과 어울려 대화하고 기도하며 함께 살아가는 것이 그렇게까지 중

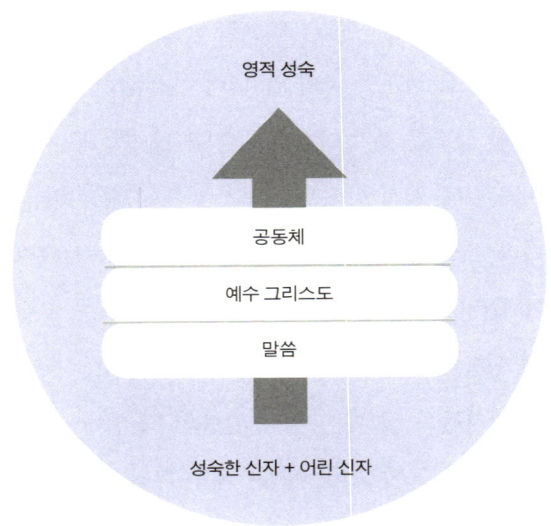

[함께 지어져 가는 교회]

요하나는 말입니다. 우리가 교회를 떠나는 많은 이유가 사람들에게 있지 않았던가요? 그러나 성경은 우리의 성숙을 이야기하며 다음과 같이 분명히 밝힙니다.

건물마다 서로 연결하여 주 안에서 성전이 되어 가고…그리스도 예수 안에서 함께 지어져 가느니라(엡 2:21, 22).

성도 여러분, 교회인 우리는 그리스도의 장성한 분량까지 자라 가야 합니다. 어떻게요? '서로' 그리고 '함께'라는 방법을 쓰면 됩니다. 신학적으로 표현하자면, 성도의 교제를 나누는 것입니다. 성도의 교제가 지닌 중요한 특성을 본문의 건물 비유에서 찾을 수 있습니다. 시멘트와 벽돌이 없던 시대에는 견고한 건물을 짓기 위해 주로 돌을 재료로 사용했습니다. 그러자면 돌들을 견고하게 고정하는 방법이 필요했지요. 가장 보편적으로는 돌의 모서리와 움푹한 곳을 적절하게 가공하여 서로의 짝을 맞추었습니다.

훌륭한 장인일수록 정확하게 돌과 돌의 아귀를 맞추어 견고하게 벽을 쌓습니다. 서로 다른 돌들이 조화를 이루도록 돌을 깎고 세우는 일을 합니다. 그렇다고 돌들을 모두 똑같이 만드는 게 아닙니다. 건축재로 쓰이는 돌들은 대부분 각각의 특성과 모양을 유지하되 때에 따라 가공됩니다. 옆에 있는 다른 돌들과 함께할 수 있도록 말입니다.

장인이 건물을 짓기 위해 돌을 깎는 것이 바로 하나님께서 교회 공동체를 세우기 위해 우리에게 하시는 일입니다. 우리는 거듭났다고 해서 한순간에 성도답게 변하지 않습니다. 중심에 자리한 주인이 바뀌기는 했지만 세상을 바라보는 눈이나 습관이 여전히 세상에 속해 있습니다. 더군다나 성품은 은혜를 받았다고 해서 한순간에 바뀌지 않습니다. 그렇다면 갓 태어난 성도는 어떻게 영적 어른으로 자라 갈 수 있을까요?

한 성도가 태어날 때 하나님께서 그에게 주시는 마음이 있습니다. 바로 다른 성도들과 함께하고 싶은 마음입니다. 덕분에 우리도 이 땅의 교회 공동체 안에 들어온 것이지요. 하지만 그것으로 해피엔딩은 아닙니다. 하나님의 은혜 아래에 있지만 아직 해결되지 않은 이전의 죄 된 본성이 흘러나오기 때문입니다. 나의 가시와 독한 기운이 옆의 지체를 찌릅니다. 아직 해결되지 않은 다른 지체의 가시가 나를 찌릅니다. 내가 상하기도 하고 다른 이를 상하게도 하는 일이 교회 안에서 일어납니다.

그런데 신비한 진리가 있습니다. 아무 쓸모없는 것 같고 제발 사라지길 바라던 그 가시가, 결과적으로 위대한 장인이신 하나님께서 우리를 아름답게 빚으시는 도구라는 것입니다. 돌이 정에 맞아 모난 부분이 깎이거나 깊은 골이 생기면서 다른 돌들과 어우러지듯, 우리는 가시 같은 이웃을 통해 함께 어우러져 살아가는 자로 빚어집니다. 가시 같은 이웃이 나를 성도로 만드는 하나님의 도구인 것입니다. 아프고 상했던 지난날들이 나를 성도답게, 교회답게 만드는 하나님의 열심인 것입니다.

우리는 그저 이 땅에서 편하게 살고 싶어 예수님을 믿는 게 아닙니다. 우리는 예수님을 믿음으로 하나님께서 거하시기에 합당한 처소가 되어 가야 합니다. 참 교회가 되고 싶다면 반드시 눈에 보이는 한 교회 안에 있어야 합니다. 문제 많고 상처도 많은, 그래서 때로는 도망치고 싶은 불완전한 이 땅의 교회에 머물러야 합니다.

교회 안에 미운 사람이 있다고 해서, 누군가와 관계가 틀어졌다고 해서 쉽게 교회를 떠나서는 안 됩니다. 교회에서 가르치는 내용이 진리의 핵심에서 벗어나지 않는 한, 나의 성향과 기질에 맞지 않다고 해서 쉽게 교회를 떠나서도 안 됩니다. 몇 번 노력했지만 소용없더라는 변명 역시 교회를 떠나는 이유가 될 수 없습니다. 이 교회 저 교회로 옮겨 다니는 것은, 성도의 영적 성장에 절대 도움이 안 됩니다. 어떤 의미에서 그것은 "더 성장하라"는 주님의 부르심을 외면하는 것입니다. 학생이 스트레스를 받기 싫어 시험을 보지 않는 것과 같습니다. 그래서는 영적 어른이 될 수 없습니다.

헨리 나우헨은 그의 대표작 『상처 입은 치유자』에서 '사역자의 자질'을 이렇게 묘사합니다.

> 그는 '상처 입은 치유자'가 되도록 부름받았다. 그것은 자신의 상처를 돌보는 동시에, 다른 사람들의 상처를 치유할 수 있도록 준비되는 것이다. 그는 '상처 입은 치유자'이자 '치유하는 사역자'이다.

하나님은 상처를 통해 사람을 성숙시키십니다. 상처 입은 적이 없는 사람은 결코 상처 입고 찾아오는 이들을 치유할 수 없습니다. 상처받을까 봐 두렵다고 도망가지 마십시오. 피하지 마십시오. 할 수 있는 데까지 견디고 버티십시오. 그 과정이 얼마나 될지, 앞으로 어떤 어려움이 있을지 모르지만 우리는 이 일의 결국을 알기 때문입니다. 우리를 그 자리로 이끄신 주님이 그 모든 과정을 지나게 하시고, 우리를 그분이 원하는 모습으로 빚으실 것입니다.

하나 되기 위한 구체적인 길

교회가 하나 되기 위해 힘쓴다는 것은 구체적으로 어떤 모습일까요? 사도행전의 예루살렘 교회는 이상적으로 하나 된 교회가 어떤 모습인지를 보여 줍니다. 위대한 부흥을 경험한 교회도 하나 된 교회의 모습을 구체적으로 보여 줍니다. 많은 예가 있지만, 바로 적용할 수 있는 두 가지만 살펴보겠습니다. 하나는 공동체 안에 들어온 죄를 대하는 태도이고, 다른 하나는 공동체 안의 가난한 자를 대하는 태도입니다.

먼저, 교회의 한 지체가 지은 죄를 대하는 태도에 대해 생각해 보겠습니다. 형제자매의 죄에 교회는 어떻게 반응해야 할까요? 그의 죄를 제거하기 위해 함께 싸워야 합니다. 참된 교회는 교회 구성원이 죄에 빠지는 것을 모른 척 하지 않았습니다. 그들은 죄를 누룩으로 여겼습니다. 누룩이 밀가루의 성분 전체를 바꾸듯 교회 전체의 성격을 바꿀 수 있다고 보았습니다. 그래서 죄가 형제자매를 통해 들어오지 않게 서로를 점검하는 일에 힘썼습니다. 누군가 죄를 품고 있을 때에는 적극적으로 나서서 함께 죄와 싸웠습니다.

초기 한국 교회의 가장 큰 특징도 성도의 죄에 맞서 싸우는 것이었습니다. 교회의 중요한 일을 기록하는 당회록을 보면, 당시 장로들이 당회에서 무슨 문제를 논의했는지 알 수 있습니다. 많은 당회록에는 성도 한 명 한 명의 상황과 그들이 죄에 빠졌을 때 어떻게 건져 낼 것인지 방편이 적혀 있습니다. 한국 장로교에서 장로를 '치리 장로'라고 부르는 이유가 있습니다. 장로가 하는 가장 중요한 일이 성도를 죄에서 건지는 것입니다. 장로들이 모인 당회에서 그 일을 가장 중요하게 논의합니다. 이렇듯 교회는 성도를 죄에서 구하는 것을 가장 고유한 일로 여깁니다.

성도 여러분, 우리가 정말 한 몸에 속한 지체임을 안다면 다른 성도가 죄 가운데 있는 것을 어떻게 그냥 내버려 둘 수 있겠습니까? 죄는 그 사람의 일로만 끝나지 않습니다. 반드시 몸 된 교회 전체에 퍼지고, 결국에는 몸 된 교회의 생명을 위협할 것입니다. 성도 개인의 죄에 온 교회가 맞서 싸우는 일이 오늘날 다시 일어나야 합니다. 우리는 한 몸을 이루고 있는 지체이기 때문입니다.

진짜 형제자매라면 그냥 넘기지 않을 일들을 너무 많이, 너무 자주 허용하고 있지는 않습니까? 죄를 지적하고 적절하게 권면해야 할 때, 얼굴 붉히기 싫고 관계가 불편해질까 봐 슬그머니 물러서지는 않습니까? 내 자녀이고 내 부모라면 절대 내버려두지 않을 상황에 그를 내버려두지는 않습니까? 그랬다면 적어도 지금까지 그를 한 몸이라고 생각하지 않은 것입니다.

다음으로, 가난한 성도를 대하는 교회의 태도에 대해 생각해 보겠습니다. 교회는 세상의 모든 문제를 해결하는 곳이 아닙니다. 세상 정치에 어떻게 참여할 것인가, 지구의 환경 오염을 어떻게 줄일 것인가, 사회의 빈부 격차를 어떻게 해소할 것인가, 남북의 평화로운 공존과 통일을 위해 무엇을 할 것인가 등의 문제에 교회가 대안을 제시할 수 없느냐고요? 글쎄요, 저는 이 거대한 이슈들을 어떻게 다루어야 할지 모르겠습니다. 그 부분은 제가 말할 수 있는 영역이 아닙니다.

그러나 확신하건대 교회는 반드시 가난한 성도의 삶에 책임을 져야 합니다. 성도가 너무 가난해서 먹을 것, 입을 것, 잘 곳이 없는 처지라면 반드시 개입해야 합니다. 그가 왜 가난해졌는지 분석하고 가르치기 위해서가 아닙니다. 위태로운 처지에 놓인 성도의 실제 필요를 돌보기 위해서입니다. 왜일까요? 우리는 가족이고, 둘이 아닌 하나이기 때문입니다. 다른 성도의 배고픔과 헐벗음은 곧 나의 배고픔과 헐벗음이기 때문입니다.

성도 여러분, 우리는 배고픈 형제자매의 배를 채워 주어야 합니다. 헐벗은 사람에게 옷을 챙겨 입혀야 합니다. 잘 곳이 없어 노숙을 해야 하는 처지라면 잘 수 있는 공간을 찾아 주어야 합니다. 그런 일을 할 수 없다면, 하지 않는다면 결코 교회라고 할 수 없습니다. 지체의 가장 기본적인 필요를 돌보는 것, 그것이 바로 교회입니다.

하나 됨은 멋진 구호가 아닙니다. 우리는 내 것을 구체적으로 포기하고 허비함으로써 하나 됨을 얻고 지킬 수 있습니다. 실제로 교회는 그렇게 하나 됨을 지켜 왔고, 세상 어디에도 없는 사랑의 공동체가 되었습니다.

우리는 하나 된 교회인가?

초등학생 딸이 『교회를 부탁해』라는 만화책을 한참 읽더니 제게 진지하게 말했습니다. "이거 우리 교회 이야기 같아요." 그 책은 만화책이지만 참된 교회의 회복에 대해 쓴, 조금은 어려운 내용이었습니다. 딸은 교회의 건축 양식 가운데 하나인 '바실리카'를 설명하는 부분을 펼쳐서 보여 주었습니다.

> 바실리카 양식의 교회들이 세워지기 전 초대교회는 따로 건물이 없었다. 그 당시에는 '교회'를 '건물'로 떠올리는 것 자체가 생소했다. 초대교회의 예배는 세 가지 특성이 있었다. 1) 둥글게 둘러앉은 식탁 교제 2) 역동적인 성경연구-토론-강론 3) 오직 성령에 이끌린 찬양과 기도였다. 그런데 바실리카 구조는 이러한 초대교회의 예배에 변화를 만들었다. 바실리카 구조가 기본적으로 무대와 관객을 구분하는 구조였기 때문이다. 한 사람이 높은 위치에 올라서서 일방적으로 인도하고 설교하고, 나머지 모든 이들은 무대 위의 한 사람만을 향해 앉아 서로의 뒤통수만 쳐다본다. 영과 진리로 '드리는' 예배에서 '관람하는 예배'로 바뀌어 가기 시작한 것이다. 콘스탄틴이 이루어 낸 이 혁신적 바실리카 구조는 로마 가톨릭, 중세 암흑기, 종교개혁을 거친 지금 이 시대까지도 그대로 남아 있다. 강단에 서는 성직자를 제외한 모든 성도

들이 수동적인 '관객'이 되어 있다. (김민석, 『교회를 부탁해』, 하라쉼, 70-75쪽)

이것이 남의 이야기일까요? 아닙니다. 당시 초등학교 4학년인 제 딸의 눈에 우리 교회의 예배가 그렇게 비친 것입니다. 목사 아빠는 강단이라는 무대에서 공연하고, 성도들은 관람석에 앉아 구경하는 모습 말입니다. 그때까지 저는 무대와 관람석으로 구분된 예배당의 구조를 전혀 이상하게 생각지 못했습니다. 그냥 그러려니 했습니다. 이 잘못된 구조가 저와 우리 교회에도 해당한다고 생각지 못했습니다. 아이의 지적을 듣고 나서야 저는 이것이 우리 교회의 이야기인 것을 깨달았습니다.

'하나 된 우리'가 되기 위해 애쓰는 교회

성도 여러분, 부탁드립니다. 절대로 예배드리러 왔다가 강단에서 전하는 말씀만 듣고 그냥 돌아가지 마십시오. 한 편의 멋진 공연을 보고, 관람료를 헌금함에 넣은 후, 종교적 카타르시스를 느끼며 돌아가는 것으로 끝나서는 안 됩니다. 그래서는 절대 주님이 원하시는 '우리'가 될 수 없고, 절대 '교회'가 될 수 없습니다.

그래서 만든 것이 소그룹입니다. 그것을 뭐라고 부르든 상관없습니다. 순, 구역, 다락방, 목장 또는 작은 교회라고도 할 수 있겠지요. 명칭이 무엇이든 본질은 같습니다. 성도가 직접 서로를 바라보며 이야기하고 서로를 위해 기도하는 모임이라는 것 말입니다.

이렇게 모이지 않으면 다른 성도가 지금 어떤 죄와 싸우고 있는지 알 길이 없고, 함께 싸워 줄 수도 없습니다. 이렇게 모이지 않으면 다른 성도가 지금 어떤 어려움에 처해 있는지 알 길이 없고, 도움을 줄 수도 없습니다. 교회 안의 소그룹은 우리가 함께 울고 웃을 수 있는 장입니다. 함께 울고 웃을 수 없다면 교회가 아닙니다. 적어도 하나 된 교회인 '우리'가 될 수 없습니다.

> [4] 몸이 하나요 성령도 한 분이시니 이와 같이 너희가 부르심의 한 소망 안에서 부르심을 받았느니라 [5] 주도 한 분이시요 믿음도 하나요 세례도 하나요 [6] 하나님도 한 분이시니 곧 만

유의 아버지시라 만유 위에 계시고 만유를 통일하시고 만유 가운데 계시도다(엡 4:4-6).

우리는 하나이고, 하나 됨을 힘써 지켜야 합니다. 이것이 복음 진리의 핵심입니다. 그리스도는 교회인 우리와 하나가 되셨습니다. 이 땅에 계시지 않는 그리스도에게 우리가 직접 해 드릴 것은 없습니다. 그럼에도 그리스도를 위해 모든 것을 해 드릴 수 있는 방법이 있습니다. 그분의 신부에게 그렇게 하면 됩니다. 그리스도의 신부인 교회를 위해 모든 것을 나눔으로써 그리스도에 대한 우리의 사랑을 증명할 수 있습니다.

예수 그리스도가 머리이신 한 몸의 지체로서 어우러지기 위해 우리가 빚어지면 좋겠습니다. 이제 혼자 신앙생활 하지 마십시오. 예배를 마친 후 도망치듯 예배당을 빠져나가지 마십시오. 우리는 부족한 사람들이지만 그래도 힘을 내어 모여 봅시다. 우리 가운데 '이상한' 사람이 있을 수 있습니다. 아니, 그게 당연합니다. 그 사람은 하나님께서 나를 빚으시기 위해 두신 '천사'일지도 모릅니다.

교회가 영광스럽게 하나님의 임재를 충만히 경험하는

그날, 주님이 우리에게 하실 칭찬을 기대하며 그리스도의 몸 된 교회와 함께 자라 가는 성도가 되기를 주님의 이름으로 축원합니다.

나눔과 적용

1. '우리'라는 말의 의미는 무엇입니까?(151-153쪽 참조) 이에 비추어 볼 때, 교회에서 언제 '우리'라는 느낌이 강하게 들었는지 나누어 봅시다.

2. 교회가 하나 됨을 '지키지 않으면 안 되는' 이론적 이유는 무엇입니까?(엡 1:22-23) '반드시 지켜야 하는' 실제적 이유는 무엇입니까?(엡 2:20-22)

3. 우리 교회가 하나 됨을 지키기 위해 애쓰는 모습은 구체적으로 어떻게 나타나고 있습니까?

4. 교회가 하나 됨을 지키려고 할 때 예상되는 어려움은 무엇입니까? 극복할 수 있는 방법도 나누어 봅시다.

7
완성을 향해 함께 나아가라

그날 '우리'라는 말이 떠오르다

"진리로 사랑하는 우리"와 관련해 마지막 말씀을 나누겠습니다. 말했다시피 진리는 예수 그리스도와 하나님의 말씀입니다. 이것은 단지 구호로 끝나서는 안 됩니다. 실제로 교회는 선택의 순간에 이 진리에 기초하고 있는지 물어야 합니다. 이 진리는 반드시 사랑으로 나타나게 마련입니다. 이 진리에 기초한 교회는 삼위 하나님을 사랑합니다. 성도를 서로 뜨겁게 사랑합니다. 세상을 향해 섬김과 전도라는 사랑의 열매를 맺습니다. 진리와 사랑의 공동체는 '우리'라는 이름으로 묶여야 합니다. '우리'란 함께 소리를 내는 사람들입니다. 하나님께서 하나 되게 하신 것을 힘써 지키며, 주님 안에서 함께 자라고 살아가는 곳이 교회여야 합니다. 이 장에서는 완성을 향해 함께 나아가는 '우리'에 대해 이야기하려 합니다.

지난 4월에 남북한의 정상이 판문점에서 만나 역사적인 '판문점 선언'을 했습니다. 회담이 진행되는 것을 하루 종일 생방송으로 보면서 얼마나 감동을 받았는지 모릅니다. 북한 정상이 판문점의 군사 분계선을 넘어오는 장면이나, 남한 정상이 분계선 앞까지 마중 나가 악수하는 장면 등은 믿기 힘들 정도로 놀라웠습니다. 오랜 세월 서로를 적대시하고, 언제 전쟁이 일어날지 모르는 불안 속에서 살아 온 시간을 생각하면 말입니다. 다음은 판문점 선언의 서언에 해당합니다.

> 양 정상은 한반도에 더 이상 전쟁은 없을 것이며 새로운 평화의 시대가 열리었음을 8천만 우리 겨레와 전 세계에 엄숙히 천명하였다. 양 정상은 냉전의 산물인 오랜 분단과 대결을 하루 빨리 종식시키고 민족적 화해와 평화 번영의 새로

운 시대를 과감하게 일어나가며 남북관계를 보다 적극적으로 개선하고 발전시켜 나가야 한다는 확고한 의지를 담아 역사의 땅 판문점에서 다음과 같이 선언하였다. ('판문점 선언' 전문의 서언, 2018. 4. 27.)

판문점 선언문이 구체적으로 발표되기도 전에 이미 제 마음은 쿵쾅거렸습니다. 첫 문장에서 눈물이 났습니다. "한반도에 더 이상 전쟁은 없을 것이며…" 남북이 분단되어 서로를 향해 총부리를 들이대고 살아 온 민족입니다. 지구상에 마지막 남은 분단 국가입니다. 그런데 이제는 더 이상 전쟁이 없을 거라고 남과 북의 정상이 선언하고 있습니다.

저만 울었나요? 저만 심장이 두근거렸나요? 아마 다 같은 마음으로 기뻐했을 것입니다. 이 일이 오늘 내가 먹고사는 문제와 아무 상관이 없을지라도 소식을 들은 사람들 대부분이 함께 소리를 지르며 이런 일이 우리 인생에 일어났음을 놀라워했을 것입니다.

왜일까요? 남한과 북한은 한민족이라는 이름 아래에 있는 '우리'이기 때문입니다. 북한의 위협은 '우리' 모두를 향한 위협이었고, 남한과 북한이 종전과 평화 협정을 맺는 것은 '우리'의 오랜 소원이었기 때문입니다. 우리를 '우리' 되게 하는 가장 중요한 요소는 공감입니다. 우리 민족 대부분은 판문점 선언문에 공감하며 우리의 '우리 됨'을 경험했습니다.

다시 교회로 돌아가 보겠습니다. '우리'는 공감의 결과이고 이유입니다. 같은 자리에 있다 해도, 아무리 오랜 시간을 함께한다 해도 서로 공감하지 못하는 관계를 '우리'라고 할 수는 없습니다. 매주 같은 장소에서 함께 예배를 드렸지만 이름조차 모르는 사람을 '우리'라고 하지 않는 것과 같습니다. 그런 의미에서 다시 한 번 왜 우리가 반드시 '우리'여야 하는지 살펴보겠습니다.

교회에 주신 하나님의 선물, 직분

에베소서 4장 7절과 11절을 보겠습니다.

> [7] 우리 각 사람에게 그리스도의 선물의 분량대로 은혜를 주셨나니… [11] 그가 어떤 사람은 사도로, 어떤 사람은 선지자

로, 어떤 사람은 복음 전하는 자로, 어떤 사람은 목사와 교사로 삼으셨으니.

교회의 하나 됨을 지키는 것이 얼마나 중요한지를 역설하는 1-6절 말씀에 이어지는 구절입니다. 교회의 하나 됨을 지키기 위해 하나님께서 주신 선물이 무엇인지 제시합니다.

하나님은 이 선물을 각 사람에게 '은혜'의 방식으로 주셨습니다. 예수님께서 죽으시고 부활하시고 승천하신 것도 이 선물을 주기 위해서였다고 강조합니다. 무엇을 주셨습니까? 11절은 말합니다. "그가 어떤 사람은 사도로, 어떤 사람은 선지자로, 어떤 사람은 복음 전하는 자로, 어떤 사람은 목사와 교사로 삼으셨으니." 하나님께서 교회의 직분자들을 주셨습니다. 사도, 선지자, 복음 전하는 자, 목사이면서 교사인 자들을 세우셨습니다. 그들은 모두 교회에서 자기 역할을 감당하는 리더였습니다.

저는 이것을 오늘날 교회 안의 모든 직분으로 확대해서 생각합니다. 교회에는 목사도 있지만 장로도 있고 집사도 있으며 권사도 있습니다. 교사와 찬양대, 찬양팀도 있습니다. 그밖에 저마다 자기 역할을 감당하며 섬기는 많은 자리들이 있습니다. 하나님은 교회 공동체를 위해 교회인 각 사람에게 은혜를 선물로 주십니다. 은혜를 받은 사람들은 자원하는 마음이 생겨서 교회를 섬기겠다고 나섭니다. 교회는 공적으로 그들의 신앙과 자원하는 마음을 확인한 후, 그들에게 교회를 섬길 기회를 줍니다. 교회에는 여러 직분이 있고, 교회는 그 직분을 통해 유지됩니다.

그런데 일반 성도나 직분을 맡은 성도나 직분에 대해 반드시 기억할 점이 있습니다. 교회의 직분은 권한이나 명예와 아무 상관 없는, 섬기고 봉사하는 자리라는 것입니다. 많은 교회들이 직분을 잘못 이해하고 있습니다. 일종의 감투로 생각합니다. 그래서 직분자가 되면 겸손함을 잃어버리고 군림하려는 이가 생깁니다.

직분을 '선물'과 '선물을 받는 사람'의 관계에 빗대어 생각해 보겠습니다. '선물'과 '선물을 받는 사람' 중 어느 쪽이 중요합니까? 가치를 매긴다면 어느 쪽이 더 귀할까요?

돌잔치를 하는 아기가 있습니다. 초대받은 손님들은 아기에게 줄 선물로 금반지를 준비합니다. 질문해 보겠습니다. 혼자서는 제대로 걷지도 못하고 숟가락질도 서툰 돌배

기와 값비싼 금반지 중 어느 쪽이 소중합니까? (둘의 가치를 비교하는 것 자체가 말이 안 되지만, 둘의 관계를 생각해 보자는 뜻에서 묻습니다.) 금반지가 아기를 위한 선물이라는 것은, 아기가 금반지보다 훨씬 더 귀하다는 사실을 단적으로 보여줍니다.

직분도 같은 방식으로 이해해야 합니다. 직분자가 일반 성도보다 더 높은 자리에 있지 않습니다. 애초에 직분자는 성도를 위한 하나님의 선물입니다. 다시 말해, 성도가 직분자보다 훨씬 더 소중합니다. 교회의 모든 직분은 자기를 과시하고 섬김을 받는 자리가 아닙니다. 오직 주님의 몸인 교회와 교회를 구성하는 성도들을 섬기기 위해 존재하는 하나님의 선물입니다.

계속 자라 가야 하는 교회를 위하여

하나 더 묻겠습니다. 성도를 잘 섬기기 위해 직분이 존재한다면, '잘 섬긴다'는 것은 무엇을 의미할까요?

오늘날 "잘 섬기겠습니다"처럼 믿기 힘든 말도 없습니다.

정치인들은 매번 선거철이 오면 국민들을 잘 섬기겠다며 길에 나와 머리를 조아립니다. 막상 투표가 끝나면 그런 태도는 온데간데없이 사라지지만요. 국회의원뿐만 아니라 선거로 권한을 위임받는 사람들이 대개 그렇습니다. 사람들의 환심을 구하고 표를 얻어 직책을 받지만, 표를 얻기 전과 후의 태도가 달라도 한참이나 다릅니다.

교회도 예외는 아닙니다. 도대체 교회가 직분을 세우는 구체적인 이유는 무엇일까요? 에베소서 4장 12-13절을 보겠습니다.

> ¹² 이는 성도를 온전하게 하여 봉사의 일을 하게 하며 그리스도의 몸을 세우려 하심이라 ¹³ 우리가 다 하나님의 아들을 믿는 것과 아는 일에 하나가 되어 온전한 사람을 이루어 그리스도의 장성한 분량이 충만한 데까지 이르리니.

교회에서 직분을 세우는 이유를 성경은 이렇게 말하고 있습니다. 이 땅의 성도들을 온전한 사람, 그리스도의 장성한 분량에 이르도록 훈련시켜 다른 연약한 성도를 돕게 하기 위해서입니다. 본문에서 강조하기 위해 두 번이나 쓴 '온전한'이라는 단어는 원래 군인이나 운동선수에게 사용하는 표현입니다. 선수를 선수답게 훈련시키고 군인을 군인답게 무장시킨다는 뜻입니다. 전쟁터에 나갈 수 있는 상태로 준비시키는 것입니다. 갑옷을 똑바로 입었는지, 무기는 잘 준비했는지 확인하는 것입니다.

　직분자를 통해 '성도를 온전하게 한다'는 말에서 알 수 있는 또 하나의 사실은, 우리의 지금 모습이 온전하지 않을 수 있다는 것입니다. 영적 전투에서 자신을 지키고 승리할 만큼 완전하게 무장된 상태가 아닙니다. 아직 부족한 부분이 많습니다. 우리는, 이 땅의 교회는 아직 자라 가는 과정에 있기 때문에 불완전하고 늘 문제를 안고 산다고 말씀드렸습니다. 우리는 모두 완성을 향해 나아가는 과정에 있습니다.

　성도뿐만 아니라 목회자도 그렇습니다. 자기네 교주는 절대 실수하지 않는다고 주장하는 이단들이 있기는 하지만, 진짜 목사는 차마 그런 말을 할 수 없습니다. 목사도 일반 성도와 똑같이 실수하는 존재입니다. 권한을 바르게 사용하기 위해 지혜를 구하고 전문적인 훈련을 받고 필요 과정을 이수하지만, 목사가 하는 말이 다 맞을 수는 없습니다. 저만 봐도 그렇습니다. 부족한 점이 너무 많아 늘 우리 교회 성도들에게 죄송합니다. 멀리서는 잘하는 듯 보여도 가까이서 저를 보는 분들은 걱정이 많습니다.

교회에 성숙한 그리스도인들만 있다면 문제가 생길 리 없겠지요. 그런데 이 땅에 교회가 세워진 이후로 한 번도 그렇게 성숙한 사람들로만 이루어진 교회는 없었습니다. 심지어 그것은 교회가 아닙니다. 그래서 교회는 늘 함께하기 힘든 사람들과 함께하는 곳입니다.

이른바 똑똑한 성도 중에 교회에서 상처를 받고 나서 '나는 혼자 하나님만 바라보며 살겠다'거나 '내 수준에 맞는 그리스도인하고만 교제하겠다'는 이들이 있습니다. 얼마나 상처 입고 속상했으면 그런 생각까지 했을까요? 목사로서 죄송할 뿐입니다. 그래도 그것은 우리가 선택할 수 있는 최선의 답이 아닙니다. 교회가 원래부터 '수준이 떨어지는 사람들'의 모임이었음을 기억하기 바랍니다. 하나님은 부족한 사람들 가운데서 역사하십니다. 하나님의 능력으로 위대한 일을 이루십니다. 그것이 교회입니다.

교회에 어린 신자가 있어야 하는 이유

명절이 되어 일가친척이 한 집에 모입니다. 그런데 그 집에 아기나 아이들이 없으면 어떨까요? 조용하겠지요. 깨지는 것도 없고, 어른들끼리 뭘 해 먹기도 좋고, 놀기도 좋습니다. 그런데 뭔가 허전합니다.

이번에는 다른 집입니다. 그 집에는 아기와 아이들이 많습니다. 아주 난리가 납니다. 잠깐만 한눈을 팔면 아기가 화장대에 기어올라가 립스틱으로 그림을 그립니다. 아이들이 하도 쿵쿵 뛰어다녀 아랫집에서 올라올까 봐 걱정입니다. 젖먹이는 배고프다고 빽빽 울어 댑니다. 어른들끼리 진지한 이야기를 나누기가 어렵습니다. 함께 뭔가를 하는 것은 더더욱 어렵습니다. 할머니 할아버지는 가족들이 다 모여 좋기는 하지만 너무 피곤합니다. 이제 그만 갔으면 좋겠다는 생각이 절로 듭니다.

여러분이 노년이 되었을 때 맞이하고 싶은 명절 풍경은 어느 쪽입니까? 저는 후자가 좋습니다. 아이들이 기어다니고 울며 떼쓰고 장난치고 소리 지르고 쿵쿵 뛰어다니고, 어른들은 그걸 말리느라 덩달아 소리치는 풍경이 더 좋습니다. 왜 그러냐고요? 거기에는 생명의 가능성이 있기 때문입니다.

가끔 다른 교회와 단체의 청소년 또는 청년 수련회 집회를 인도할 때가 있습니다. 그때마다 수련회에 오는 학생들의 태도가 10여 년 전보다 확연하게 좋아졌음을 느낍니다. 처음에는 아이들이 신앙 교육을 잘 받아서 그런가 보다 생각했습니다. 그런데 조금 더 깊이 들여다보니 그게 아니었습니다.

예전에는 이른바 '노는 아이들'도 교회에 와서 놀았습니다. 신앙이 없는 아이도 친구가 교회 수련회에 가자고 하면 따라왔습니다. 그런 친구들이 수련회에 와서 늘 문제를 일으켰지요. 쉬는 시간에 산에 올라가 담배를 피우고, 감춰 온 술을 밤에 몰래 마시기도 했습니다. 그런데 요즘은 그런 일이 전혀 없습니다. 심지어 집회 시간에 조는 아이도 별로 없습니다. 왜일까요?

요즘 아이들이 예전 아이들보다 신앙 교육을 잘 받아서가 아닙니다. 믿음이 어리거나 없는 아이들이 지금은 아예 교회 근처에 얼씬도 하지 않기 때문입니다. 믿음이 좋은 아이나 매사에 모범적인 아이들만 교회에 남았습니다. 수련회에 '영적 아이'가 없습니다. 그러니 분위기는 좋습니다. 아이들이 뭔가 은혜를 받는 것 같기도 합니다. 잘 들어 주니 설교할 맛도 납니다. 그런데 여러분, 그건 죽어 가는 교회, 시들어 가는 공동체의 전조입니다. 거기서는 생명의 역사를 기대할 수 없습니다.

우리 모두 한때는 영적 아이였습니다. 많은 문제를 일으킨 장본인이었지요. 그런 우리를 교회의 누군가가 품어 주었습니다. 우리가 일으킨 문제를 해결하기 위해 애쓴 영적 어른들이 있습니다. 그들의 수고가 있었기에 우리가 지금 이만큼이라도 성도 노릇을 하고 있는 게 아닐까요? 그런 의미에서 교회 안에 영적 아이가 없다는 건 저주일지도 모릅니다. 미숙해서 사고를 치는 성도가 없는 교회에는 미래가 없습니다. 우리 교회 안에 영적 아이들이 많아지기를, 그래서 늘 시끄럽고 정신 없게 되기를, 우리의 손과 발이 바빠지기를 축원합니다.

직분자가 해야 하는 일

교회 구성원이 죄다 영적 어른이라면 누군가를 세워 직분을 맡길 이유가 없습니다. 저마다 자기 일을 잘할 텐데 리더를 따로 세울 필요가 없습니다. 그러나 우리에게는 영적 아이들이 있습니다. 아직 더 자라야 할 신자들이 많습니다. 그래서 반드시 리더가 있어야 합니다. 조직과 체계가 있어야 합니다. 우리가 모두 어른은 아니기 때문입니다. 그래서 우리를 훈련시키고 교육하며 성숙해지도록 돕는 손길이 필요합니다.

우리를 온전한 자, 그리스도의 장성한 분량에 이르게 하는 것이 하나님께서 이 땅에 교회를 만드신 목적입니다. 그러므로 교회에는 그 목적을 이루기 위해 하나님께서 선물로 주신 직분들이 반드시 있어야 합니다.

직분을 감투로 여기는 사람이 더러 있지만, 직분이 진짜로 뭔지 안다면 직분에 욕심 낼 사람이 그리 많지 않을 것입니다. 직분을 맡는다는 건 기본적으로 힘든 일이기 때문입니다. 직분을 맡으면 귀찮은 일이 많아집니다. 우리는 대부분 게으릅니다. 일하기 싫어하고, 공부하기 귀찮아하며,

훈련받는 건 더욱 질색입니다. 저만 해도 설교를 아주 좋아하지만, 매주 몇 편씩 설교를 해야 하는 상황이 되니 설교가 예전만큼 좋지는 않습니다. "주님, 설교하지 않아도 되게 빨리 와 주시면 안 될까요?" 하는 기도가 가끔 나올 정도입니다.

게다가 직분자는 성도를 '온전한 자'로 만드는 일을 해야 합니다. 주님을 닮아 가도록 성도의 삶에 자극을 주어야 합니다. 그것이 직분자가 해야 하는 일입니다. 하지만 우리는 변화를 그다지 원하지 않습니다. 바뀌면 불편하니까요. 자라 간다는 건 피곤한 일입니다. 대부분은 가만히 있고 싶어 합니다. 지금의 자리에 안주하고 싶어 합니다. 그런 사람들을 하나님의 자녀다운 모습으로 바꾸는 일이 쉬울까요? 절대 쉽지 않습니다. 직분자가 제 역할을 할 때, 가장 먼저 성도들의 반대에 부딪힙니다. 가만히 있고 싶은 사람을 들쑤시니 얼마나 미울까요? 얼마나 귀찮고 싫을까요?

직분자는 성도의 반대를 무릅쓰고 다가가 변화를 만들어 내는 사람입니다. 하나님께 받은 사명이 있기 때문입니다. 그러므로 직분자는 성도들의 인기를 얻으려 해서는 안 됩니다. 기본적으로 직분자는 자기 일로 인기를 끌 수 없습니다. 그런데도 성도들이 직분자인 나를 너무 좋아하고 있다면, 나는 지금 제 역할을 하지 못하고 있을 가능성이 큽니다.

직분자가 자기 일을 성실하게 이행하는 이유가 무엇입니까? 그 일을 하라고 부르신 주님의 뜻을 따르기 위해서입니다. 그래서 직분자는 선한 의미에서 성도를 귀찮게 합니다. 말씀을 보라고 권면합니다. 죄와 싸우라고 독려합니다. 제발 어린아이 같은 생각과 생활에서 벗어나라고 촉구합니다. 기도하며 찬양하라고 격려합니다. 하나같이 우리의 죄 된 본성과 반대되는 일들입니다.

앞으로도 저는 우리 성도들을 피곤하게 할 것입니다. 지금의 상태에 만족하지 않겠습니다. 지금 우리가 누리고 있는 영적 상태를 최상으로 여기지 않겠습니다. 우리는 그리스도의 장성한 분량까지 자라 가야 하는 사람들입니다. 영광에서 영광으로 자라 가야 합니다(고후 3:18). 그래서 저는 우리 성도들에게 "이곳이 좋사오니 이곳에 초막 셋을 짓고 편하게 살아 봅시다"라는 말을 못하게 할 참입니다(눅 9:33).

우리는 점점 더 주님을 닮아 갈 것입니다. 점점 더 위대하신 하나님을 바르게 섬기는 교회가 될 것입니다. 산 중턱에 주저앉아 "여기가 우리가 머물 정상이야"라고 말하지 않을 것입니다. 우리가 오를 정상은 "그리스도의 장성한 분량이 충만한 데까지"(엡 4:13)입니다. 그곳에 설 때까지 앞으로 나아가는 길밖에 없습니다.

성도 여러분, 하나님의 선물인 직분자 여러분, 서로가 서로를 피곤하게 만듭시다. 더 많이 변화하고 더 많이 성장하겠다고 다짐해 봅시다. 성도들을 좀 피곤하게 만들더라도 결국에는 주님이 기뻐하시는 자리에 이르기까지 함께 성숙해 가겠다고 결단해 봅시다.

얼마나 놀라운 일들이 일어날까요? 얼마나 신비한 역사가 넘칠까요? 꿈쩍도 하지 않을 것 같은 사람들이 확연하게 변화되어 하나님의 군대로 일어나는 모습을 본다면 얼마나 신날까요? 우리는 함께 그 자리까지 가야 합니다.

익숙함을 넘어 낯섦으로

저는 설교가 좋습니다. 설교의 능력을 믿습니다. 설교에 많은 시간을 쏟았고, 지금도 열심을 내고 있습니다. 저는 신앙과 관련된 여러 주제로 강의하는 것이 좋습니다. 책을 읽고 정리해서 가르치는 일이 즐겁습니다. 가끔은 너무 좋은 강의를 떠올리고는 혼자 즐거워할 때도 있습니다. 그래서 우리 교회에 많은 신앙 강좌와 아카데미를 만들었습니다. 사도신경, 주기도문, 십계명, 요한계시록, 귀납적 성경연구, 기초 신앙 강좌, 본문 연구반 등을 만들었고 지금까지 운영하고 있습니다. 그것이 제가 좋아하고 잘하는 일이기 때문입니다.

그런데 최근에 질문이 생겼습니다. "그 많은 강좌를 통해 누군가의 영혼이 성숙해졌을까?" 물론 강의와 설교 자체의 가치와 필요에 회의를 느끼는 건 아닙니다. 다만 이런 사역만으로는 성도가 온전해지는 데 한계가 있음을 인정합니다. 누군가의 입에서 나오는 이야기를 일방적으로 듣기만 해서는 삶의 변화를 결단할 수 없습니다. 변화를 향한 걸음을 계속해서 내딛을 수 없습니다. 설교와 강의를 듣고 배우는 것은 너무나 중요합니다. 그러나 변화를 일으키기에는 충분하지 않습니다.

직분을 강조하고, 소그룹에 주목하고, 함께 모이고 나누며 죄에 맞서 싸우는 등 영적 성숙을 도모하는 것은, 교인 수를 늘리려는 전략이 아닙니다. 요즘은 성도들이 다양한 필요에 따라 자신이 다닐 교회를 정하는 경우가 많다고 합니다. 그중에는 신학 지식에 목마른 이들도 있습니다. 그런 사람들은 강해 설교가 탄탄한 교회를 찾아다니고, 다양한 신앙 강좌가 개설되어 있는 교회로 모일 테지요. 개인적인 은사만 생각한다면, 주로 가르치는 일을 하는 교회가 제게는 가장 잘 맞는 것 같습니다. 저의 가르치는 은사를 극대화하여 '가르치는 교회'로 유명해진다면, 우리 교회에도 그런 것을 좋아하는 성도들이 모이겠지요. 하지만 우리가 단지 교인 수를 늘리고자 소그룹을 강조하고 강좌를 만드는 게 아닙니다.

제가 교회의 비전에 대해 생각하며 "우리"를 표어의 마지막 단어로 삼은 건, 교회의 교회 됨이 무엇인지 조금 더 원론적으로 고민했기 때문입니다. 일제히 한 방향을 보고 앉아서 강단에 선 한 사람의 말을 받아 적는 교회는, 절대 성경이 말하는 교회가 될 수 없다는 생각이 성경을 보면 볼수록 듭니다. 그렇게 해서는 절대 함께 소리를 내는 '우리', 공감하며 함께 울고 웃는 '우리'가 될 수 없습니다.

서로에게 기대어 함께 자라 가는 교회

우리 교회를 오래 다닌 성도들은 가끔 제가 부임하기 전의 교회 생활을 이야기합니다. 대부분 과거의 어느 한때를 회상하며 그때가 너무 행복했다고 말합니다. 교회가 개척된 지 얼마 되지 않아 교인 수가 아이들까지 다 합쳐 백 명도 안 되던 시절의 추억입니다.

그때 우리 교회는 상가 건물에 월세살이를 했습니다. 몇 명 되지 않는 성도들이 옹기종기 모여 주일예배를 한 번 드렸고, 예배 후에는 그 자리에서 함께 점심을 지어 먹으며 그날 들은 말씀을 나누었습니다. 공식 모임이 끝나도 다들 집에 가기가 아쉬워 서로의 집에 다시 모여 저녁까지 먹으며 놀았다는 이야기입니다. 네 아이, 내 아이 구분이 없고, 네 집 내 집도 별로 가리지 않던 시절이었다고 합니다. 뭘 먹으러 갔다, 어디에 놀러 갔다는 이야기는 왜 그리 많은지 모르겠습니다.

그런 이야기를 들으며 처음에는 은근히 서운했습니다. 저는 알지도, 보지도 못한 시절의 이야기를 하면 어쩌란 말입니까? 새로 부임해서 나름대로 열심히 교회를 섬기고 있는데, 지금과는 비교할 수 없이 행복한 시절이 있었다고 하니 마음이 편치 않았습니다. 그런데 그 이야기를 여러 차례 들으면서 느낀 점이 있습니다. 성도들이 그 시절 그 교회를 정말 좋아하고 그리워한다는 것입니다.

지금 우리 교회는 그 시절보다 성도 수가 훨씬 많습니다. 지금은 상가 건물에 세들어 있지도 않고, 작지만 우리 소유의 땅에 세운 아름다운 예배당에서 예배를 드립니다. 그 시절에 비하면 재정도 늘고 교역자도 많아졌습니다. 그 시절에는 없던 것들이 지금은 있습니다. 객관적인 지표로만 보면, 그 시절과 지금을 비교할 수 없습니다. 그런데도 성도들은 그 시절의 교회를 그리워합니다. 왜일까요?

그 시절의 교회가 교회의 본질에 더 가깝기 때문입니다. 그분들은 '진짜 교회'를 경험한 것입니다. 성도 모두가 관람석에 앉은 듯 강단 위의 설교자를 보는 지금 이런 모습의 교회가 아닙니다. 성도가 서로의 삶에 깊이 들어가 함께 울고 웃으며 자라 가는 영적 가족으로서 교회를 경험했습니다. 그래서 교회의 객관적 지표가 모두 좋아지고 있는 상황에서도 그분들은 만족할 수 없는 것입니다.

어떻게 해야 그 시절의 영적 가족 공동체를 회복할 수

있을지 저는 아직 잘 모르겠습니다. 하지만 그것이 교회의 참된 모습임을 알기에 최선을 다해 그런 교회를 세워 가기 위해 고민하고 노력해 보려 합니다. 제가 '잘하는 것'이 아니라 '주님이 기뻐하시는 것'을 하려 합니다. 교회는 목사인 제가 아니라 주님이 원하시는 곳이 되어야 하니까요. 우리 교회가 다시 우리 됨을 회복하고, 영적 가족 공동체로 세워지기를 꿈꿉니다.

> 모이기를 폐하는 어떤 사람들의 습관과 같이 하지 말고 오직 권하여 그날이 가까움을 볼수록 더욱 그리하자(히 10:25).

그리스도인을 향한 로마 제국의 핍박이 점점 더 심해졌습니다. 교회 지도자들 중 일부는 너무 위험하니 이제 더 이상 모이지 말자고 말합니다. 그런데 히브리서 기자는 "모이기를 폐하는 어떤 사람들의" 말을 듣지 말라고 권면합니다. 우리 주님이 다시 오실 날이 점점 다가오고 있고, 그날까지 이런 어려움이 계속될 텐데, 지금 우리가 모이지 않으면 어려움을 이길 수 없다는 것입니다. 그러니 더 힘써서 모이자는 것입니다. 모이지 않으면 사라지고 말 테니까요.

'굳이 모일 필요가 없다'고 주장하는 사람들이 점점 많아지고 있습니다. '물리적으로 모이지 않아도 모일 수 있는' 편리한 사이버 시대를 우리는 살고 있습니다. 그러나 편리하다고 해서 마냥 좋은 것은 아닙니다. 정말 영적 가족이 되고 서로의 삶에 들어가 서로를 세우는 모임이 되고 싶습니까? 그렇다면 시간을 들여서 물리적으로 모여야 합니다. 서로를 위해 시간을 내고, 모이기 위해 이동하는 수고를 해야 합니다. 그렇지 않고서는 절대 친해질 수 없습니다. 함께 밥을 먹고, 여행을 가고, 서로의 연약함을 위해 손 붙들고 기도하지 않는다면, 우리는 공감하는 공동체가 될 수 없습니다.

모이지 않는 '우리'는 존재하지 않습니다. 어떻게든 모여야 합니다. 그런 의미에서 우리 교회에서 소그룹 모임을 다시 시작하려 합니다. 이미 교회 전체가 서로를 알며 사랑하기에는 너무 커졌기 때문에 교회 안에 '작은 교회들'을 세우려는 것입니다. 이 작은 교회들이 우리가 선택할 수 있는 마지막 보루라고 생각합니다.

저는 계속해서 성도들을 권면할 것입니다. 다른 직분자

들 역시 제 역할을 다하며 성도들을 귀찮게 할 것입니다. 어떻게든 서로가 공감하는 자리까지 나아갈 수 있도록 힘쓸 것입니다. 함께하는 시간을 낼 것입니다. 신앙 훈련을 하고, 삶을 이야기하고, 기도 제목을 나눌 것입니다. 서로의 삶 가운데서 일하시는 하나님을 함께 찬양할 것입니다. 죄가 누군가를 삼키려는 순간, 달려가 돕는 믿음의 형제자매와 가족이 될 것입니다. 그렇게 우리는 그리스도의 장성한 분량에 이르기까지 계속해서 함께 자라 갈 것입니다.

> 교회는 그의 몸이니 만물 안에서 만물을 충만하게 하시는 이의 충만함이니라(엡 1:23).

교회를 사랑합니다. 교회가 교회다워져서 주님의 빈 마음이 충만해졌으면 좋겠습니다. 이 땅의 모든 교회가 그러면 좋겠지만 제게는 이 땅의 모든 교회를 돌볼 힘도, 능력도 없습니다. 그래서 저는 하나님께서 보내 주신 우리 교회의 교회 됨을 위해 힘쓸 것입니다.

'편한' 교회가 아닌 '진짜' 교회를 꿈꿉니다. 교회는 영광스럽습니다. 교회는 아름답습니다. 교회는 소중합니다. 교회는 소중한 것들이 다 들어 있는 주님의 충만함입니다. 우리 성도들과 함께 소중한 주님의 몸인 교회를 세워 가기를 꿈꿉니다.

나눔과 적용

1. 교회의 하나 됨을 지키기 위해 하나님께서 교회에 주신 선물은 무엇입니까?(엡 4:7, 11)

2. 직분에 대해 그동안 내가 생각해 온 개념과 성경이 말하는 개념은 어떤 차이가 있습니까?

3. 직분자들이 성도를 귀찮게 하며 서로 자라 가게 하는 일이 지금 우리 교회에서 일어나고 있습니까? 그것을 어떻게 알 수 있습니까?

4. 영적 아이에서 어른으로 자라 가기 위해 지금 내게 어떤 도움이 필요한지 생각해 봅시다.

나오는 글
'손바닥만한 구름' 같은 교회를 꿈꾸며

큰 빗소리가 들리다

엘리야와 450명의 바알 제사장이 갈멜산에서 능력 대결을 합니다. 엘리야가 바알과 여호와 중 누가 참 하나님인지 공개적으로 대결하자고 했습니다. 대결 방식은 단을 쌓고 제물을 올려놓은 후, 모든 백성들이 보는 가운데 어느 신이 불을 내려 그 제단을 사르느냐 하는 것입니다. 바알의 제사장들이 바알에게 불을 내려 달라고 소리치며 자해까지 합니다. 그러나 그들의 신 바알은 불을 내리지 못합니다. 바알의 제사장들이 지쳐서 더 이상 간구하지 못할 때 엘리야가 일어섭니다. 그리고 하나님께 불을 구합니다. 엘리야의 기도가 끝나는 순간, 하나님께서 제단 위에 불을 던지셨습니다. 그 불은 너무도 강렬해서 한순간에 제물과 제단을 살라 버립니다. 그곳에 모인 온 이스라엘은 "여호와 그는 하나님이시로다"라고 고백하고, 바알의 선지자들은 처형됩니다. 이스라엘의 회복이 시작되는 순간입니다.

그때 엘리야는 큰 빗소리를 듣습니다. 열왕기상 18장 41-46절을 보겠습니다.

> [41] 엘리야가 아합에게 이르되 올라가서 먹고 마시소서 큰 비 소리가 있나이다 [42] 아합이 먹고 마시러 올라가니라 엘리야가 갈멜산 꼭대기로 올라가서 땅에 꿇어 엎드려 그의 얼굴을 무릎 사이에 넣고 [43] 그의 사환에게 이르되 올라가 바다 쪽을 바라보라 그가 올라가 바라보고 말하되 아무것도 없나이다 이르되 일곱 번까지 다시 가라 [44] 일곱 번째 이르러서는 그가 말하되 바다에서 사람의 손만한 작은 구름이 일어나나이다 이르되 올라가 아합에게 말하기를 비에 막히지 아니하도록 마차를 갖추고 내려가소서 하라 하니라 [45] 조금 후에 구름과 바람이 일어나서 하늘이 캄캄해지며 큰비가 내리는

지라 아합이 마차를 타고 이스르엘로 가니 ⁴⁶여호와의 능력이 엘리야에게 임하매 그가 허리를 동이고 이스르엘로 들어가는 곳까지 아합 앞에서 달려갔더라.

하늘은 여전히 맑디맑습니다. 구름 한 점 찾아볼 수 없습니다. 그러나 엘리야는 큰비가 내릴 테니 대비하라고 왕에게 이릅니다. 그의 귀에만 큰 빗소리가 들린 것입니다. 엘리야는 하나님의 마음을 알았습니다. 하나님께서 3년 6개월간 비를 내리지 않으셨던 이유가 방금 전 갈멜산의 대결로 제거되었습니다. 바알의 제사장들은 이스라엘 백성들에게 죽임을 당했습니다. 지금 온 이스라엘이 여호와가 참 하나님이심을 고백하며 찬양하고 있습니다. 더 이상 하나님께서 이 땅에 비를 내리시지 않을 이유가 없는 것입니다. 엘리야는 그 순간 이제 하나님께서 비를 내리실 일만 남았다고 확신합니다. 누구도 빗소리를 듣지 못할 때, 그는 큰 빗소리를 듣습니다.

저에게는 꿈이 있습니다. 우리 성도들이 위대한 하나님의 사람이 되는 것입니다. 한 사람 한 사람의 중심에 변화가 일어나고, 그 변화가 너무도 분명해서 세상이 알아보고 놀라는 일들이 일어나는 것입니다. 우리에게 생긴 거대한 변화가 단순히 몇 가지 행동을 바꿔서 생긴 게 아니라 존재의 변화에서 시작되었음을 깨우쳐 줄 사람들이 태어나는 것입니다. 위대하신 하나님의 역사가 나타나고, 그 결과 위대한 사람들이 세워지고 있다는 소문의 진원지가 우리 교회가 되고 싶습니다. 이 빗소리가 여러분의 귀에도 들렸으면 좋겠습니다. 여러분도 저처럼 심장이 두근거렸으면 좋겠습니다.

빗소리가 실제로 큰비가 되려면

엘리야는 빗소리를 들었습니다. 그런데 비가 내리지 않습니다. 약속은 했지만 약속이 실현되지 않습니다. 하나님께서 빗소리를 들려주셨으면 비도 주셔야 하는데, 정작 현실에서는 여전히 비가 내리지 않습니다.

엘리야는 하나님의 약속과 성취 사이에 무엇이 있어야 하는지 정확히 알았습니다. 그래서 갈멜산 꼭대기에 오릅니다. 거기서 무릎 사이에 머리를 묻고 기도하기 시작합니다. 척박한 대지가 하나님의 은혜로 충만하게 젖어들기를 원합니다. 갈라진 땅 위에 다시금 생명의 강이 흐르는 것을 '눈으로 보게 되기를' 기도합니다. 엘리야는 무릎 사이에 머리를 묻고 오직 하나님 한 분께만 집중합니다. 비를 주시지 않으면 고개조차 들지 않겠다는 듯, 사환에게 하늘을 보고 오라고 일곱 번이나 시킵니다.

잠깐 내리는 비나 아침 이슬 같은 은혜는 사람이 어찌어찌해서 만들어 낼 수 있을지 모릅니다. 작은 밭에 물을 대는 것은 사람의 열심으로도 가능한 일입니다. 비가 한두 달 동안 오지 않으면 힘들겠지만, 우물에서 직접 물을 길어다가 어느 정도 목마름을 해결할 수 있습니다.

그러나 하나님께서 기근을 주시면 우리 힘으로 어찌할 도리가 없습니다. 큰비가 오는 것이 유일한 해결책입니다. 하나님은 하나님을 사랑하는 개인과 공동체에 큰 빗소리를 들려주십니다. 큰 빗소리를 들은 사람들은 그 비가 실체가 되게 해 달라고 기도합니다. 그들의 기도가 쌓였을 때, 기도의 대접에 기도가 채워졌을 때, 하늘이 열리고 비가 쏟아지기 시작합니다.

'손바닥만한 구름'은 어디에

엘리야는 바다 쪽에 구름이 있느냐고 사환에게 묻습니다. 사환은 없다고 대답합니다. 엘리야는 또 얼마간 기도한 다음 다시 묻습니다. "구름이 있느냐?" 다시 사환은 없다고 대답합니다. 엘리야는 또 기도합니다. 그러기를 여섯 번이나 반복합니다. 사환은 짜증이 납니다. 맑은 하늘에 구름이 있을 리 없다고 생각했으니까요. 하나님의 사람 엘리야는 멈추지 않습니다. 그는 큰 빗소리를 들었고, 비가 내리는 것을 보고 싶습니다. 그는 약속을 붙들고 기도한 것입니다. 엘리야는 기도하기를 포기하지 않습니다.

일곱 번째로 바다 쪽을 바라보던 사환의 눈에 손바닥만한 구름 하나가 들어옵니다. 별것 아닌 구름입니다. 사환은 엘리야에게 아주 작은 구름이 떠 있다는 소식을 전합니다. 엘리야는 기도하던 자리에서 일어납니다. 하늘이 곧 구름으로 덮이고 큰비가 쏟아져 온 땅을 적십니다. 3년 6개월 동안 비가 오지 않아 갈라질 대로 갈라진 마른 땅에 강이 흐를 만큼 많은 비가 쏟아집니다.

'손바닥만한 구름'이란 무엇입니까? 그것은 하나님께서

지금껏 닫아 놓으셨던 하늘의 문을 열겠다는 징표입니다. 이제 하나님의 일을 하시겠다는 징표를 우리 인생과 교회에 보여 주십니다. 그런 다음 오랫동안 참아 온 그 일을 우리 가운데 행하십니다. 엘리야는 손바닥만한 구름에서 가뭄을 해갈할 큰비를 보았습니다.

우리가 함께 꿈꾸는 일들

교회가 위대함을 회복하기를 원합니다. 특별히 우리 교회가 그러하기를 소원합니다. 교인 수가 늘고, 재정이 여유로워져 이런저런 일을 많이 하는 교회가 되고 싶다는 뜻이 아닙니다. 다름 아닌 하나님께서 원하시는 교회가 되고 싶습니다. 하나님의 마음을 흡족하게 해 드리는 성도와 교회가 되기를 꿈꿉니다. 어두운 시대 속에서도 진리의 횃불을 높이 들고, 사랑으로 세상을 이기며, 함께 걷는 하나님의 백성들을 꿈꿉니다. 썩어 가는 세상에서 내 한 몸 던져 세상의 부패를 막는 소금과 빛 같은 성도들, 세상에는 없는 하나님의 백성들을 꿈꿉니다.

우리 교회가 위대함을 회복하지 못한 세상의 다른 교회들과 같지 않았으면 좋겠습니다. 세상에서 유행하는 것들을 다 들여와 교회의 정체성마저 흔들리는 곳이 되지 않기를 소원합니다.

한편으로는, 우리 교회가 세상의 많은 교회들과 비슷하기를 꿈꿉니다. 동네마다 하나씩 있어 동네 사람들을 섬기는 좋은 동네교회, 서로 많이 닮아 함께할 때 즐겁고 신나는 이웃 교회가 많아졌으면 좋겠습니다.

저는 특별한 꿈을 꾸기 시작했고, 여러분과 함께 이 꿈을 꾸고 싶습니다. 우리 교회가, 하나님의 역사를 경험하지 못해 약해져 가는 다른 교회들이 보고 희망을 품는 '손바닥만한 구름' 같은 교회가 되기를 말입니다. 하나님께서 지금도 여전히 주님의 몸 된 교회를 지키시고, 은혜를 부어 주시는 분임을 보여 주는 '징표' 같은 교회가 되기를 말입니다.

세상의 많은 교회들이 우리 교회를 보고 부러워하며 이렇게 말했으면 좋겠습니다. "하나님께서 특이할 것도, 대단할 것도 없는 그들에게 저렇게 큰일을 하셨다면, 우리 교회에도 분명 그런 일을 하실 거야", "우리도 그들처럼 진리와 사랑으로 변화되게 해달라고 하나님께 구하자!"라고 말입니다.

저는 이기적인 사람이어서 이 역할이 다른 교회에 넘어가지 않았으면 좋겠습니다. '손바닥만한 구름' 같은 공동체가 되는 것이 저의 꿈이고, 우리 교회의 꿈입니다. 저는 이 일에 욕심을 낼 것이고 최선을 다할 것입니다. 이 책을 읽는 여러분도 저와 비슷한 꿈을 꾸고 욕심을 품으며 기도하기를 바랍니다.

비가 내리지 않는 하늘 곳곳에 이제 막 떠오르기 시작하는 '손바닥만한 구름'들을 보고 싶습니다. 그 구름 중 하나가 여러분과 여러분이 섬기는 교회가 되기를 기대합니다. 하늘이 온통 손바닥만한 구름들로 가득해지기를, 기근의 땅에 하나님의 은혜가 큰비로 쏟아지는 날이 오기를 간절히 소원합니다.

덧붙이는 글
평범한 동네교회는 어떻게 희망을 발견했나

그날 이후

13년 동안 20대 청년들을 만나고 섬겼습니다. 저를 늘 따라다닌 호칭 중 하나는 청년사역 전문가였습니다. 제 나이 서른아홉이 되었을 때, 20대 청년들을 섬기는 데 한계를 느꼈습니다. 청년들과 함께 밤 새워 뭔가를 하기에 버겁다는 사실이 확실하게 다가왔고, 그들의 언어와 행동을 이해하는 데 더 많은 노력이 필요했습니다. '이제 하나님께서 나를 다른 사역으로 부르시겠구나' 하는 생각이 들었습니다.

그러던 중에 담임목사 청빙 제안을 받았습니다. 지난 13

년 동안 한 번도 쉬지 않고 사역을 해 왔기 때문에 재충전이 필요한 시점이었습니다. 부모님께 말씀을 드렸고 아내와도 마음을 나눈 후였지요. 연락을 주신 장로님을 만나러 간 건, 아직 담임목회에 마음이 없다는 말씀을 정중히 드리기 위해서였습니다. 처음 만난 장로님은 사람들이 적잖은 카페에서 교회의 상황을 이야기하며 눈물을 흘렸습니다. 자신보다 한참 어린 목사 앞에서 눈물을 흘리는 분을 앞에 두고 단호하게 "아직 담임목회에 생각이 없습니다"라고 말할 수는 없었습니다. 긍정도 부정도 아닌 "기도해 보겠습니다"라는 말로 인사를 대신하고 헤어졌습니다. 그날부터 가슴이 두근거리기 시작했습니다.

청빙에 관해 주변의 목회 선배들에게 물으니 대부분이 말렸습니다. 현재 그 교회 상황이 너무 좋지 않다고, 현실은 그리 쉬운 게 아니라고, 청년 사역과 장년 사역은 너무 다르고 넌 너무 경험이 없고 어리다고, 수개월이나 담임목사가

●
교회 내 문제로 상처와 아픔을 겪던 한 평범한 지역교회가 어떻게 말씀으로 회복되고 사랑으로 하나 되어 새로운 꿈을 꾸게 되었는지 보여 주는 나눔교회의 이야기입니다. 월간 〈복음과 상황〉 323호 커버 스토리에 실린 저자의 글을 옮깁니다.

세워지지 않는 데는 다 이유가 있는 거라고, 그런 식으로 목회지에 갔다가 1년도 안 되어 사임하는 경우가 많다고 했습니다. 부정적인 조언을 들으며 이런 생각이 들었지요. '이런 게 이 땅의 숱한 작은 지역교회들의 현실이겠구나.'

마지막 결정을 앞두고, 당시 섬기던 교회의 담임목사이자 목회 멘토인 이찬수 목사님과 긴 대화를 나누었습니다. 목사님 역시 여러 이유를 들며 강하게 반대했습니다. 반박할 말을 찾지 못하던 제가 할 수 있는 마지막 대답은 이랬습니다. "그런데 목사님, 그 교회와 성도들을 생각하면 심장이 두근거립니다." 목사님은 제 얼굴을 말없이 보더니 설득을 포기하는 표정으로 말했습니다. "그래, 그렇지. 심장이 뛰면 가야지. 목사가 심장이 뛴다면 말리면 안 되는 거지."

그렇게 억지 허락을 받고 11월 31일 분당우리교회를 사임하고, 다음다음 날 12월 2일 나눔교회에 부임하여 사역을 시작했습니다.

빵집에 빵이 돌아오다

교회에 부임해서 느낀 첫 인상은 회색빛 슬픔이었습니다. 담임목사가 없던 8개월이 주는 슬픔이었고, 전임자의 사임과 이후 청빙 과정에서 생긴 여러 갈등들, 그 가운데서 받은 상처들로 인해 떠난 이들과 남은 이들의 마음에 자리한 슬픔이었습니다.

새로운 담임목사에 대한 기대와 불안이 공존했고, 그가 앞으로 어떻게 사역하는지 보고 거취를 결정하려는 성도도 여럿 있었습니다. 첫 주일예배 설교를 마치고 교회 현관 앞에 서서 성도들을 배웅하는 악수례를 할 때, 손을 내밀지 않고 아무 말 없이 차가운 눈빛으로 지나는 분들이 적잖았습니다. 예상치 못한 반응에 놀랐고, 시작하기도 전에 이미 진 느낌이었습니다.

매주 당회가 열렸고 교회의 현안들을 들으면서 왜 성도들의 첫 인상이 회색빛 슬픔인지 알게 되었습니다. 아픈 이야기와 버거운 짐들이 너무 많았습니다. 성도들은 꽤 오랜 시간 말씀을 잘 먹지 못했고, 양육과 돌봄을 받지 못하며 힘든 싸움을 계속해 왔습니다. '힘내라'는 말이 얼마나 힘이 되지 않을지 느껴졌습니다.

부임 후 가장 많이 들은 질문은 "목사님은 비전이 뭡니까?"였습니다. 그때마다 단호하게 "저는 비전이 없습니다"라고 대답했습니다. 진담이었습니다. 담임목사 한 사람의 비전에 따라 온 교회가 일사분란하게 움직이는 한국 교회를 보면서, 이것이 교회가 움직이는 유일한 방식이어야 하는지 평소 의문을 가졌습니다.

그래서 지난날 이 공동체가 하나님 안에서 품어 왔고, 앞으로 품을 비전이 무엇인지 찾아야 한다고 생각했습니다. '나의' 비전이 아니라 '우리'의 비전입니다. 주님이 이 교회 공동체에 주신 비전을 이루는 데 나의 모든 은사와 역량을 쓰는 것입니다. 그래서 저는 부임 초기에 말하기보단 귀기울이고자 했습니다. 그렇게 3여 년 동안 주님이 나눔교회에 품으신 뜻을 찾으며 하나씩 채워 갔습니다.

첫 주일 설교의 본문은 룻기였습니다. 빵을 잃어버린 빵집 베들레헴에서 비운의 인물들이 만들어 가는 이야기, 그 이야기를 회복과 충만의 이야기로 바꾸시는 하나님의 무조건적인 사랑, 헤세드를 나누고 싶었습니다. 나눔교회는 '빵 없는 빵집'이었고, 많은 이들이 빵을 찾아 떠나 버렸으며, 남은 성도들도 오랜 기근에 시달리고 있었습니다. 예수님을 예표하는 보아스의 헤세드가 아니면, 하나님께서 날개로 덮어 주시지 않으면, 절대로 회복될 수 없는 공동체였습니다.

그래서 빵집에 빵이 생기기를 구하며 룻기 말씀을 3개월 동안 주일예배 때마다 성도들과 나누었습니다. 매주일 울며 말씀을 받는 성도들이 많았습니다. 굶주림이 채워지는 기쁨, 목마름이 해갈되는 감격을 모두가 경험하는 시간이었지요. 빵집에 빵이 돌아오면서 성도들은 주린 배를 채웠습니다. 룻기 말씀을 통해 하나님께서 찾아오시면서 교회가 회복되는 징조가 보였습니다. 사람들이 살아나고 떠났던 이들도 돌아왔습니다. 성도들이 웃기 시작했고 따뜻하게 손을 내밀기 시작했습니다. 긴 이야기의 시작입니다.

말씀을 먹다

교회에서 일어나는 일들을 보면서 그동안 우리 성도들이 얼마나 배고팠는지를 알았습니다. 영적 허기를 해결하는 것이 가장 시급했습니다. 최대한 빨리, 최대한 많은 지체에게 하나님의 말씀을 먹여야 했습니다. 온 성도가 모이는 주일은 그런 의미에서 가장 중요한 날이었습니다.

저는 말씀이 사람을 변화시킨다는 것을 믿고 설교가 하나님의 말씀임을 믿는, 적어도 이 부분에서는 아주 전통적인 입장입니다. 제 자신이 설교로 주님의 말씀을 경험했고 새 생명을 얻었습니다. 13년간 청년 사역을 하면서 청년들이 말씀과 설교를 통해 거듭나고 변화하는 모습을 수없이 보았습니다.

그래서 주일예배 때 성경의 핵심 주제들을 몇 주 단위로 묶어서 시리즈로 전했습니다. 반복만큼 좋은 교육 방식이 없기에 다양한 형식으로 가장 주요한 주제들을 묶어서 전했습니다. 예수님, 복음, 하나님 나라, 하나님 은혜 등을 전하는 그 시간은 성도들과 함께 울며 진리 앞에 서는 시간이었습니다.

시간이 지나면서 진리를 익히는 다른 방식이 필요해졌습니다. 그래서 시작한 것이 '나눔 아카데미'입니다. 가장 먼저 기독교의 핵심 교리부터 정리하기로 했습니다. 기존의 모임을 최대한 활용하여 수요일 저녁예배 때 성도의 신앙고백인 사도신경과 성도의 정체성을 보여 주는 주기도문, 성도의 삶의 내용을 담은 십계명을 정리했습니다. 주일 오후에는 말씀 묵상과 기도, 교회론 등의 강좌를 통해 신앙생활의 기초 주제들을 정리했습니다. 아카데미를 교역자들과 함께 진행하면서 소요리 문답이나 종교 개혁사 같은 과목도 추가했습니다. 신앙생활을 수십 년 했지만 이런 공부는 처음이라며 하나님을 아는 지식으로 행복해하는 성도들과 함께 기쁨을 나누었습니다.

한편, 귀납적 성경연구 모임과 전교인 개인경건 시간을 추진했습니다. 온 성도가 같은 본문으로 묵상하기 위해 말씀묵상과 새벽예배, 부교역자가 전하는 주중예배 설교의 본문을 통일했습니다. 온 성도가 한 말씀을 함께 듣고 함께 순종한다는 취지였습니다. 한시적으로 주일학교 부서예배 설교의 본문도 통일하여 온 세대가 같은 본문으로 말씀을 묵상하는 흐름을 만들어 갔습니다.

'귀납적 성경연구반'을 주중에 열어 "성경을 어떻게 읽을 것인가"를 강의하고, 실제로 성경 본문을 붙들고 연구하는 모임을 병행했습니다. 주중 오전인데도 서른 명 정도가 늘 함께하며 말씀의 깊이를 함께 경험했습니다. '영아부 엄마들을 위한 성경 연구반'도 만들어 회차를 늘려 가고 있습니다. 육아라는 기쁘지만 무거운 짐을 지고 교회 사역에서 소외감을 느끼던 젊은 엄마들이 교회 공동체의 양육과 말씀의 능력을 함께 체험하며 회복하는 시간입니다.

나눔교회 규모의 공동체가 교회 안에 이런 아카데미와 성경연구반을 운영하려면 사실 어려움이 있습니다. 더 시급한 문제를 처리해야 한다는 조언이 많았습니다. 조직을 만들고, 더 적극적인 심방 사역이 필요했는지도 모릅니다. 제자훈련을 해서 리더들을 키워야 한다는 조언도 있었습니다. 하지만 성도들에게 하루라도 빨리 스스로 물고기 잡는 법을 알려 주고 싶었습니다. 사역자에게 의존하여 신앙생활을 해온 성도들이 이제 스스로 하나님 앞에, 하나님의 말씀 앞에 설 수 있도록 돕고 싶었습니다.

그렇게 얼마간 집중하고 나니 어느덧 '가르치고 배우는 것'이 우리 교회의 특징이 되었습니다. 아카데미 사역은 나눔교회만의 고유성을 만들어 냈고, 이에 성도들은 자긍심을 가지고 있습니다.

지역을 품다, 사람을 품다

"숫자가 중요한가?"라고 묻는 분이 있습니다. 저는 그렇다고 대답하는 목사입니다. 성도의 수, 헌금 액수 등 사실 숫자를 빼고 할 수 있는 이야기가 별로 없습니다. 청빙을 받아 부임한 담임목사가 숫자에 대해 고민하지 않는다면, 하나님 앞에서는 어떨는지 몰라도 그 교회 공동체는 분명 실망할 것입니다. 문제는 '어떻게'입니다.

부임 후 저는 나눔교회가 자리한 동네를 연구하고, 이 지역 주민들의 직업군을 알아야 했습니다. 청년들은 어떤 상태이고, 학교는 어디에 어떻게 있는지 알아야 했습니다. 동네 맛집은 어디인지, 사람들이 주로 어디에서 장을 보는지 알아야 했습니다. 성도들의 정치적 성향은 어떠하며, 경제적 상황은 어떠한지 봐야 했습니다. SWOT 분석 틀로 나눔교회와 인근 지역 및 구성원을 분석해 보았습니다. 장점과 약점, 기회와 위기, 이 네 가지 요소로 분석하면서 사역에 대한 통찰들을 얻었습니다.

첫째, 잃어버린 청년들을 찾기로 했습니다. 부임 당시 청년들과의 첫 모임에 참석한 청년은 세 명이었습니다. 고민

끝에 이 세 명을 위해 전임 교역자를 임명하여 청년부에 집중할 수 있게 해야겠다는 결론을 내렸습니다. 다소 무리해서 전임 교역자를 둔 것은, 무엇보다 청년이 교회 역동성의 핵심이라고 생각했기 때문입니다. 청년 사역을 오래하면서 느낀 점인데, 청년을 '일꾼'으로 보는 것이 교회의 일반적인 정서입니다. 그동안 투자했으니 이제는 결과물을 내라고 청년들에게 요구하는 것입니다. 공급과 돌봄은 끊은 채 청년들이 교회의 여러 사역에 재능 봉사자로 활동하기를 바랍니다. 많은 기독 청년들이 자신을 도구로 보는 교회를 떠나, 하나님을 만나고 경험하며 공동체를 경험할 수 있는 교회로 옮기는 이유가 여기에 있습니다.

나눔교회에 청년 공동체가 세워졌다는 것, 청년 사역자가 있고, 영적 돌봄과 교육을 받을 수 있게 되었다는 것만으로도 청년들이 하나 둘 모이기 시작했습니다. 이전에 제가 가르쳤던 몇몇 청년들이 와서 한시적으로 헌신해 주었습니다. 인근 대학에 다니는 지방 학생들이 와서 정착했습니다. 우리는 지방에서 올라온 형제들이 숙식할 수 있는 자취집(생활공동체) 하나를 장로님 댁 아래층에 마련해 청년들의 주거 문제를 도왔습니다. 세 명으로 시작된 청년부는 3년이 되어 가는 지금 매주 50여 명이 모이는 부서로 바뀌었고, 교회 안에서 다양한 청년 사역들을 진행하고 있습니다.

둘째, 미취학 아동 사역에 힘쓰기로 했습니다. 인원이 너무 적어서 아예 부서를 없앨 예정이던 영아부에 오히려 집중 투자하기로 했습니다. 교회 근처 아파트 단지에서 수많은 유모차를 보았기 때문입니다. 건축한 지 30년이 넘은 22평형과 25평형으로 구성된 아파트 단지에는 신혼부부와 젊은 부부가 많이 살았고 아기들도 많았습니다. 아기를 데리고 먼곳의 교회에 가기 어렵다는 점과, 주변에 아기와 함께 예배드릴 수 있는 교회가 별로 없음을 확인하고 영아부 사역이 중요하다고 판단했습니다. 청년들의 연령대가 젊은 부부들의 연령대와 겹친다는 점도 이런 선택에 한 몫을 했습니다.

영아부 사역에 아내가 뛰어들었고 마음을 같이한 귀한 교사들도 동참했습니다. 아기를 키우는 젊은 부부들이 교회에 계속해서 등록했습니다. 젊은 부부들이 영적 공급을 받고, 그 나이에 교회에서 경험하기 쉽지 않은 공동체성을 형성하기 시작했습니다. 지난해 성탄절에는 아홉 명의 아기들이 유아세례를 받았습니다. 나눔교회는 아기들의 울음소리와 웃음소리가 끊이지 않는 시끄러운 교회, 그래서 어른들의 미소가 피어나는 교회가 되어 가고 있습니다.

셋째, 장애인을 품기로 했습니다. 교회 근처에 구에서 운영하는 장애인 센터가 있습니다. 기존의 장애인 성도들을 심방해 보니 그분들이 나눔교회의 성도가 된 이유가 분명했습니다. 휠체어를 타고 예배당에 들어갈 수 있는 교회가 인근에 나눔교회밖에 없었던 것입니다. 이 지역에서 장애인들을 섬기는 것이 주님이 나눔교회에 맡기신 사명이라는 생각이 들었습니다.

장애인 성도 중에서 안수집사를 세웠습니다. 장애인을 위한 화장실을 만들고, 교회 출입구에 경사로도 만들었습니다. 성도 한 분이 자비를 들여 장애인 성도를 위한 공간을 교회 안에 만들었습니다. 국가가 정한 장애인의 날에 장애인 성도 헌신예배를 드릴 때, 그분들이 주체가 되어 행사를 주관했습니다.

지하 2층에서 예배를 마치면 성도들 대부분이 엘리베이터가 아닌 계단으로 올라옵니다. 나이 많은 권사님들이 두 층을 계단으로 오르려면 한참이 걸립니다. "힘드시죠?" 하고 여쭈면 "나보다 다리가 불편한 사람들이 많은데요, 뭘" 합니다. 기꺼이 불편함을 감수하며 사랑을 나누는 귀한 어르신들께 감사할 따름입니다.

공동체성을 회복하다

부임 당시에는 온 성도의 마음이 조각조각 나 있었습니다. 교역자와 교회 중직자들에게 불신이 쌓여 있었고, "뭘 한들 우리가 일어날 수 있을까?" 하는 학습된 무력감도 있었습니다. 가장 큰 문제는 소그룹의 붕괴였습니다. 소그룹 리더인 목자들이 한꺼번에 교회를 떠나면서 생긴 문제였습니다. 우리 같은 동네교회는 공동체성이 핵심입니다. 성도들이 공적으로 교회에서 보는 걸로 끝나지 않고 사적으로 동네 곳곳에서 만납니다. 교회가 깨어지면서 그분들의 관계도 깨어졌습니다. 남은 성도들을 하나로 묶을 수 있는 뭔가가 필요했습니다.

그래서 전교인 수련회를 준비했습니다. 모든 것이 불안한 시기였기에 반대가 많았습니다. 하지만 공동체가 하나가 되기 위해서는 하나님 앞에 함께 서고, 함께 밥을 먹으며, 함께 자야 했습니다. 그래야만 해결되는 문제라고 생각했습니다.

공동체성은 이론으로 배우는 게 아니라 경험하는 것입니다. 그러므로 관계가 불편한 사람일지라도 함께 시간을 보내야 했습니다. 전 교인이 근교에 모여 함께 말씀을 듣고 기도하고 잡담하고 밥 먹고 잠을 잤습니다. 가족으로 함께하는 시간이었습니다. 함께 회개하고 사랑을 고백했습니다. 어른들이 청소년들을 안고 기도했습니다. 은혜가 임했고, 우리 사이를 막고 있던 담이 허물어졌습니다. 이제 우리는 함께 무언가를 꿈꿀 수 있게 되었습니다. 온 세대가 함께하는 예배도 정례화했습니다. 가족이 함께 하나님 앞에 서고, 서로의 가족이 누구인지 눈으로 확인하며, 1부와 2부로 나뉘어 평소 함께 예배드리지 못했던 성도들이 하나 되어 예배하는 날입니다.

무너진 소그룹을 다시 세우고 목자들도 세웠습니다. 소그룹이야말로 우리가 반드시 회복해야 하는 중요한 요소입니다. 목자(리더)들을 훈련하고 꾸준히 목원(멤버)들을 돌보는 구체적인 방법을 가르치면서 사랑과 자원함으로 영혼들을 섬기는 소그룹을 꿈꿉니다. 여전히 상처의 아픔을 호소하는 분들이 있지만, 한 걸음 물러나 관망하는 자세를 넘어 한두 명씩 앞으로 나오고 있습니다. 그런 분들이 차츰 더 많아지리라고 확신합니다.

다양한 이야기를 나누다

인근 지역에 수많은 교회들이 있습니다. 그 많은 교회 속에서 나눔교회만의 향기가 있어야 했습니다. 주변 교회들과의 차별성을 어디에 두느냐의 문제입니다. 하나님께서 이 지역, 이 시기에 나눔교회에 가지고 계신 특별한 계획이 무엇일까 고민해 보았습니다. 저와 나눔교회가 걸어야 할 길은 아주 일반적인 교회의 모습은 아닌 것 같았습니다. 그래서 나눔교회가 자리한 특별한 장소와 성도들의 특별한 구성을 보며 차별되는 이야기를 만들고 나누어 보고자 했습니다.

무엇보다 먼저, '세월호 유가족과 함께하는 기도회'를 금요기도회로 열어 유가족들의 이야기를 듣고 함께 기도하고 위로하는 시간을 가졌습니다. 반대하는 성도도 있었지만, 이건 정치적인 일이 아니라 교회가 마땅히 해야 하는 일이라고 설득했습니다. 가장 힘들어하는 사람들의 아픔에 동참하여 기도하는 것이 바로 하나님께서 하시는 일이라는 말에 반대하던 분도 마음을 바꾸었습니다.

둘째, 신학 세미나와 교계 행사, 연합 모임의 장으로 교회 공간을 나누었습니다. 주중에 대부분 공실인 공간을 활용하여 다양한 기독교 문화가 소통되도록 돕기 위해서입니다. 공공신학 관련 세미나, 교회개혁실천연대 주최의 종교개혁 500주년 기념 연합기도회, 각종 북콘서트와 북토크 등이 열렸습니다. 우리 성도들에게 최고의 것을 먹이면 좋겠다는 생각에서 마련한 다양한 모임을 통해, 담임목사가 줄 수 있는 것 이상의 유익함을 얻어 가는 성도들을 보며 참 감사했습니다.

셋째, 문화와 예술의 장으로 교회 공간을 나누었습니다. 인디밴드의 공연도 있었고, 클래식 연주회도 가졌습니다. 우리 교회 성도인 사진작가의 작은 사진전을 열기도 했습니다. 이렇게 매개자가 된 덕분에 교회가 직접 제공하기 힘든 문화 콘텐츠를 성도는 물론 지역주민들도 함께 누릴 수 있었습니다.

넷째, 지역사회의 다양한 필요에 맞추어 교회 공간을 나누었습니다. 보이스카우트 아이들이 주변 개천을 청소하다가 쉴 수 있게 카페를 내어 주고 아이스크림도 사 주었습니다. 정기적으로 봉사 활동을 할 때 교회에 와서 잠깐 쉴 수 있겠느냐는 말에 좋다고 했습니다. 아파트 재건축 관련 모임에도 장소를 빌려 주었습니다. 지역주민들에게 의미 있는 교회가 되기 가장 쉬운 길을 왜 마다하겠습니까? 교회 마당에서 담배를 피는 주민도 있고, 말이 조금 거친 주민도 있습니다. 하지만 그렇게라도 교회 마당을 밟아 보고 교회에 들어와 본다면, 교회를 조금은 다르게 보게 되지 않을까요?

나눔교회가 많은 이야기들의 진원지가 되고, 아름다운 문화를 나누는 공간이 되면 더 많은 사람들이 교회를 찾게 될 것입니다. '이야기를 나눈다'는 것은 우리 안에서 일어나는 일과 우리가 하려는 일을 어떤 식으로든 들려주고 보여 준다는 뜻입니다. 그런 의미에서 교회 안의 많은 이야기들을 SNS에 올렸고, 여기에 관심을 가진 몇몇 기독교 언론 매체에 기사가 실렸습니다. 부임한 지 얼마 안 된 목사로서 외부의 관심이 좀 부담스러웠지만, 교회를 찾는 사람들에게는 보이고 들리는 교회가 되고, 성도들에게는 '우리가 함께 이야기를 만들어 간다'는 자긍심을 높이기 위해 기사를 정리하고 나누었습니다. 담임목사로서 대외 활동에 얼마간 참여한 것도 우리 교회 공동체의 아름다움을 소개하고 싶어서였습니다.

교회 부흥과 관련해 "하나님께서 다 하셨습니다"라고들 말합니다. 맞는 말입니다. 하지만 그건 지난날을 돌아보며 하는 말이지, 현재 과정 중에 있는 저는 그렇게 말할 수 없습니다. "하나님께서 다 하실 것입니다. 저는 지금 제가 할 수 있는 일을 다 하겠습니다." 이것이 저의 솔직한 고백이고 다짐입니다.

교회에 다니지 않은 한 사람이 지역교회의 일원이 되는 결심을 하려면 엄청난 용기가 필요합니다. 단순히 예배에 참석하는 정도가 아니라 함께 신앙생활하는 공동체의 일원이 되겠다는 선택은, 오늘날처럼 교회에 대한 사회적 인식이 부정적일 때에는 더더욱 어렵습니다. 그런데 그런 선택을 권하면서 도움이 될 만한 정보를 제대로 주지 않는다면 교회의 직무유기가 아닐까요?

그래서 나눔교회는 교회 안에서 일어난 일과 일어날 일들을 다양한 방식으로 교회 안팎에서 나누고 있습니다. 이 땅의 교회는 완전할 수 없기에 좋은 일뿐 아니라 아픈 이야기, 아직 해결하지 못한 이야기들도 솔직하게 나눕니다. 너무 포장해서 나중에 실망하기보다는 지금 보이는 모습에서 점점 더 나은 그림을 보여 주는 공동체가 된다면 좋겠습니다.

아직도 가야 할 길

나눔교회 이야기는 현재진행중이며, 어쩌면 아직 제대로 시작하지 않았는지도 모릅니다. 나눔교회에는 여전히 아픈 문제가 있습니다. 풀어 가야 할 과제가 적지 않습니다. 어떤 사람은 그것을 성장통이라고 하지만 아프기는 마찬가지입니다. 예배 인원이 많이 늘었지만 새 가족 중에 아직 교회에 깊숙이 들어오지 못한 분들이 많습니다. 주일예배에 참석하는 것과 공동체 일원이 되는 것 사이에는 큰 간극이 있습니다.

작은 교회인 소그룹 활동이 살아나야 하는데 리더가 절대적으로 부족합니다. 한동안 새로운 리더십을 준비하지 못한 시기가 있었기 때문에 교회 허리에 해당하는 리더들이 특히 부족합니다. 수가 갑자기 늘어난 30-40대가 교회에서 훈련을 받기에는 생활이 너무 바쁩니다.

10년 전에 교회를 건축하며 진 채무도 여전히 큰 짐이 되고 있습니다. 3년 전부터 조금씩 원금을 상환하고 있지만, 매달 은행에 지출하는 금액은 사역을 위축시키는 큰 요인입니다. 교인 수가 늘었지만, 그것이 예산 증가로 이어지고 있지 않습니다. 30-40대의 재정적 헌신이 약한 이유도 있고, 늘어난 청년들 중에 수입이 없는 이들이 많은 이유도 있습니다. 이 땅의 교회에 재정이 중요한 부분임을 다시 한 번 확인합니다.

거의 모든 부서가 공간이 부족하다고 아우성입니다. 주일에 모일 장소가 없어 초등부가 목양실에서 공과공부를 하고, 이어서 동아리 활동도 합니다. 저는 주일이 되면 목양실에 들어가지 못하고 교회 곳곳을 떠돌아다녀야 합니다. 즐거운 비명입니다.

새로 들어온 성도들과 기존 성도들 간에 생각의 차이도

큽니다. 사람 사는 곳은 어디든 주도권이 문제인 것 같습니다. '주인 노릇'과 '주인 의식' 사이에서 고민해야 하는 문제가 생깁니다. 교회의 갑작스러운 변화에 당황하는 기존의 성도들이 있는가 하면, 새로 들어온 성도들은 이전에 자신이 몸담았거나 꿈꾸는 공동체와 비교하며 교회를 판단합니다.

저를 비롯해 동역하는 사역자들 중 누구도 지금 우리의 상황을 경험해 본 적이 없습니다. 그러다 보니 실수가 많고 일을 주먹구구식으로 할 때도 있습니다. 과도기의 공동체인지라 불안정한 모습이 눈에 띕니다. 그런 점에서 시스템과 조직을 잘 만들어야 하는 시점입니다. 그래도 우리는 가 본 적 없는 길을 주저하면서도 날마다 믿음으로 한 걸음씩 나아갈 것입니다.

열왕기상 18장을 보면, 엘리야가 갈멜산 꼭대기에서 만난 표적이 등장합니다. '바다 위에 떠오른 손바닥만한 구름 하나'는 3년 6개월이라는 기근의 시대가 끝났음을 알리는 작은 표적입니다. 엘리야는 이 표적이 나타났음을 들은 후에야 아합 왕에게 큰비가 올 것이라고, 기나긴 기근이 끝났다고 선언합니다.

사랑하는 나눔교회가 그런 작은 표적이 되기를 소원합니다. 우리 교회에서 일어난 작은 부흥의 역사를 많은 사람들이 듣고 보게 되기를 바랍니다. 그리고 우리 교회에서 하나님께서 일하심을 시샘하면 좋겠습니다. 나눔교회가 울며 하나님의 은혜를 구했던 것처럼, 하나님의 은혜와 역사를 구하는 교회들이 많아졌으면 좋겠습니다.

나눔교회에 부임하고 처음 준비했던 금요기도회에서 성도들과 함께한 기도문으로 글을 맺습니다.

> 하나님, 이곳에 이 교회를 두신 이유를 우리로 알게 하옵소서. 아직도 하나님의 교회가 하나님의 말씀과 성령으로 일어날 수 있다는 것을 우리의 두 눈으로 보게 하옵소서.
> 이 모든 이야기가 우리만의 즐거운 이야기로 끝나는 게 아니라 비를 기다리는 이 땅의 모든 사람들이 듣고 보는 이야기가 되게 하옵소서.
> 우리 가운데 일어난 일을 그들이 시샘하여 기도하게 하옵소서. "회색빛 슬픔의 공동체에 하나님께서 부흥과 회복의 역사를 일으키셨다면, 청빙 때문에 깨어지고 상하고 학습된 무기력에 빠졌던 공동체도 일으키셨다면, 주여, 우리에게도

당신의 부흥의 역사를 주옵소서"라고 기도하며 하나님을 구하게 하옵소서.

교회를 사랑합니다

초판 1쇄 발행 • 2018년 6월 10일
초판 3쇄 발행 • 2021년 6월 10일

지은이 • 조영민
펴낸이 • 신은철
펴낸곳 • 좋은씨앗
출판등록 • 제4-385호(1999. 12. 21)
주소 • 서울시 서초구 바우뫼로 156, 402호
영업부 • TEL (02)2057-3041 FAX (02)2057-3042
대표메일 • good-seed21@hanmail.net
홈페이지 • www.gsbooks.org
페이스북 • www.facebook.com/goodseedbook

ISBN 978-89-5874-300-2 03230

ⓒ 조영민 2018

이 책의 저작권은 저자 및 저자와 독점계약한 도서출판 좋은씨앗에 있습니다.
신저작권법에 의하여 보호받는 저작물이므로 무단 전재와 무단 복제를 금합니다.